古船孤光

非接触整体打捞创新技术及应用

周东荣　朱小东　褚晓波　翟　杨　著

上海古籍出版社

　　国家文物局和上海市委、市政府高度重视长江口二号相关工作。长江口二号沉船项目已作为中国水下考古重大项目列入国务院办公厅印发的《"十四五"文物保护和科技创新规划》；保护和展示长江口二号的博物馆被列入2021年1月发布的《上海市国民经济和社会发展第十四个五年规划和二〇三五年远景目标纲要》。

　　长江口二号考古与文物保护是一项攻坚克难的漫漫征程，尚存诸多谜团有待解决，还面临着脆弱船体支撑加固、饱水木材与铁钉复合材质船体的文物保护等难题。为此，我们首次提出以"长江口二号全生命周期"研究为目标，综合运用最新的科技手段和丰富的历史文献，复原长江口二号从设计、建造、航行、沉没、埋藏直到被发现的全过程。联合多学科、多部门编制长江口二号考古发掘和文物保护五年总体方案和2024年工作方案，国家文物局于2024年2月8日批复2024年工作方案。

　　在长江口二号考古发掘和文物保护过程中，我们筹划出版"长江口二号古船发现与研究丛书"，分享我们的研究成果和经验，与大家一同探索古船之谜，及时接受大家的批评建议。本丛书的定位是全方位和开放性的，不仅包括考古研究、文物保护成果，而且也将汇集相关工作和研究成果，共同构建长江口二号知识库；探索综合利用先进科技手段和丰富文献资源研究、展示近代贸易木帆船的方法，力求以世界眼光、上海视野，探索以上海为中心的贸易网络，塑造古船水下考古研究的全新范式，让长江口二号的考古、研究、保护、利用和传承成为世界了解中国水下考古的窗口，讲述上海国际贸易和航运中心可观可感的历史。

褚晓波

目　录

序 ……………………………………………………………………… 褚晓波　1

第一章　古船寻踪 ……………………………………………………………… 1
　　1.1　发现古船 ……………………………………………………………… 1
　　1.2　古船寻踪进展 ………………………………………………………… 2
　　1.3　古船周围环境 ………………………………………………………… 10
　　1.4　标准与规定 …………………………………………………………… 11

第二章　古船迁移方案制定 ………………………………………………… 12
　　2.1　概述 …………………………………………………………………… 12
　　2.2　古船整体打捞方案制定 ……………………………………………… 12
　　2.3　古船整体打捞方案评审 ……………………………………………… 24
　　2.4　古船起浮运输方案制定 ……………………………………………… 25
　　2.5　总结 …………………………………………………………………… 31

第三章　古船迁移方案试验 ………………………………………………… 33
　　3.1　概述 …………………………………………………………………… 33
　　3.2　缩尺模型试验 ………………………………………………………… 34
　　3.3　等比例海上试验 ……………………………………………………… 44
　　3.4　总结 …………………………………………………………………… 68

第四章　海上施工 …………………………………………………………… 69
　　4.1　概述 …………………………………………………………………… 69
　　4.2　施工组织及资源 ……………………………………………………… 70

4.3　预处理作业 ·· 73

4.4　码头准备阶段 ·· 88

4.5　长江口二号现场施工 ································ 101

4.6　总结 ··· 115

第五章　古船进坞 ··· 120

5.1　概述 ··· 120

5.2　船坞工作 ··· 121

5.3　"奋力"轮进出坞 ····································· 159

5.4　总结 ··· 171

第六章　创新技术助力 ······································· 173

6.1　概述 ··· 173

6.2　智慧打捞监控系统应用 ······························ 173

6.3　大吨位同步提升系统 ································· 204

6.4　"奋力"轮设计与建造 ······························ 212

6.5　弧形梁曲线管幕应用 ································· 218

6.6　总结 ··· 227

第七章　项目QHSE管理 ···································· 228

7.1　项目QHSE管理阶段性重点 ························ 228

7.2　项目QHSE管理工作难点 ··························· 229

7.3　项目QHSE管理工作内容 ··························· 230

7.4　项目管理特点 ·· 232

7.5　长江口项目管理创新 ································· 233

第一章　古船寻踪

1.1　发现古船

　　2010年开始的"上海市水下考古陆地调查"项目中,在横沙岛长江口发现了一艘沉船。由于附近水域开始围海造地,以致当地水流环境改变,沉船面临被破坏的风险。2015年7月至9月,交通运输部上海打捞局受上海市文物保护研究中心委托,对民国时期的铁质军舰长江口一号沉船及周边海域进行全面探摸调查取证的同时,在长江口一号东北方向约1.5海里处,发现了另一条疑似沉船物体,疑似沉船物体所在水域水深8—10米。随后,考古研究人员委托上海打捞局对该位置物体进行探摸,潜水员仔细探摸后,确认该物体为木质沉船,沉船埋入泥中,上方覆盖大量渔网和其他杂物,此沉船被命名为长江口二号。

　　2016—2022年,在国家文物局和上海市文物局的高度重视和具体指导下,交通运输部上海打捞局对该古船遗址进行了7年的水下考古探摸。经过7年水下考古调查,探明了长江口二号古船的基本情况。长江口二号古船为木质帆船,确认其年代为清代同治时期,船体埋藏于5.5米深的淤泥中,残长约38.1米,已探明有31个舱室。古船上部的船首、缆桩、桅杆、左右舷等结构完整。经过潜水员的考古探摸,舱内有摆放整齐的景德镇窑瓷器等精美文物,特别是古船中部出水的绿釉杯底书"同治年制"款,为古船断代提供了重要的依据。另外,在船体及周围还出水了桅杆、大型硬木船材、锚具等大量文物。可以说,长江口二号古船是继"南海一号"后中国水下考古又一里程碑式的重大发现,是目前国内发现体量最大、保存最为完整的古代木质沉船,预计船载文物数量巨大,是弥足珍贵的文化遗产。该古船的发现,是中国水下考古的重大发现,是近代上海作为世界贸易和航运中心的实物见证,为近代"海上丝绸之路"和"长江黄金水道"航运史研究提供了翔实可靠的实物资料。

1.2 古船寻踪进展

1.2.1 长江口二号古船遗址的发现

在2015年度长江口一号沉船水下考古调查实施的过程中,联合考古队,在横沙岛东北长江口北港下段主槽的水下考古物探扫测中,发现了一处可疑点。根据对可疑点物探资料及水下潜水探摸获取的信息,判断出调查点为一条木质古船,暂命名为长江口二号古船(图1.2.1),初步了解了古船遗址的位置等信息,当时仅发现遗址略高于周边河床,中部还见有一高2米余的突起物。

图1.2.1 长江口二号古船位置示意图

1.2.2 2016—2017年水下考古调查工作

长江口二号古船与长江口一号沉船距离较近,为进一步了解长江口一号沉船及邻近水域水下文物的分布状况,经国家文物局批准(文物保函〔2016〕948号),2016年11月,国家文物局水下文化遗产保护中心、上海市文物保护研究中心、国家水下文化遗产保护宁波基地与交通运输部上海打捞局、上海大学联合对长江口一号沉船所在水域进行水下考古调查,同时还对长江口二号古船遗址进行了物探扫测和潜水探摸,确定了长江口二号古船为一艘木质古船,古船露出泥面部分总长为23.8米、船宽6米(图1.2.2)。

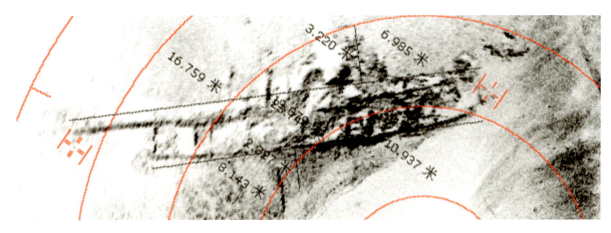

图 1.2.2 2016 年度长江口二号古船遗址 MSE1000 旋转声呐仪扫测图

该年度调查清理出水木质文物 3 件、瓷器 1 件。其中 1 件大型木质船体构件（2016SHCJKW2∶1）为由铁钉固定而成的两根木材，长 21.5、宽 0.5、厚 0.38 米，经树种检测为娑罗双属木材，产地为东南亚地区（图 1.2.3）。

图 1.2.3 2016 年度调查出水木质构件 2016SHCJKW2∶1

出水瓷器为青瓷罐（2016SCW2∶4），发现于船舱淤泥中，基本完整，外形特殊，一体成型，顶部有两个孔，与国内已经发现的瓷器有明显不同，口径 2.2、最大腹径 10.2、底径 7.8、高 13.7 厘米（图 1.2.4）。经比对研究，该罐应是水烟罐，疑其为东南亚地区烧造。综合木质船体构件碳十四测年和出水青瓷罐热释光测年数据，当时初步推断长江口二号古船遗址的年代为清代早中期。同时，还了解到长江口二号古船也有受到破坏的痕迹和隐患。

为更加深入地了解长江口二号古船遗址周边水下文物的分布情况，特别是长江口二号古船的性质和结构特征，保障古船遗址及其周边水域水下文物的安全，经国家文物局批准（文物保函

图1.2.4　2016年度调查出水青瓷水烟罐

〔2017〕901号），国家文物局水下文化遗产保护中心、上海市文物保护研究中心、国家水下文化遗产保护宁波基地、武汉基地，联合交通运输部上海打捞局、上海大学于2017年12月对古船周边水域进行了物探调查和水下考古调查，发现古船长约29米、宽7米，船尾、桅杆和船舱保存状况良好，并采集出水了3件木质构件、陶器等遗物。但限于工作环境、海况恶劣，加之经费有限，工作周期不足，当年仍未能获取长江口二号古船遗址的详细信息，尤其是船舱内的情况。与此同时，上海市文物局为有效地推动该水域水下文物的保护工作，委托上海海事局在古船遗址范围内划定禁锚禁渔区。

1.2.3　2018年水下考古调查重要发现

根据国家文物局批复（文物保函〔2017〕901号），结合长江口水域的实际工作情况，在交通运输部上海打捞局、上海大学无人艇作业团队的共同支持下，国家文物局水下文化遗产保护中心、上海市文物保护研究中心合作，联合国家水下文化遗产保护宁波基地、武汉基地，于2018年11月再次开展了上海水域长江口二号古船遗址水下考古调查工作，对古船结构、尺寸做了进一步确认，尤其是以前不太明确的船体后部船舱分布情况。调查期间，对其中1个靠近船后部的舱进行了局部清理，发现该舱内装载有瓷器、木桶等，采集出水了一批青花、绿釉瓷器和部分船体构件等遗物，为辨识古船性质、年代和保存现状提供了基础数据，调查工作取得了重要成果。

通过此次物探扫测和潜水探摸调查，对船体两侧舷板、船体后部隔舱板、桅杆、船首、船尾等情况有了进一步的了解。古船遗址主体堆积为一艘木质古船，已知南北长约28米、东西最宽处约7米。古船船首方向北偏东6°，向左舷一侧倾斜33°。船体前半部分大部分甲板、船舷板等船体结构仍保存完整，同时探明有疑似桅杆、缆桩等船体上层结构。其中，中部疑似为船的主桅杆，残高约2—2.3米，探摸出包裹桅杆的桅夹呈不规则梅花状，高约1.4—1.7米，外部直径1.2米，桅夹以上的桅杆出露部分残高约0.6米，直径约0.4米。经该年度调查获知，古船后半部分探明有9个船舱（10道隔舱板），每舱前后宽1米左右，隔舱板保存3米以上高度，其尾部情况仍需进一步调查（图1.2.5）。

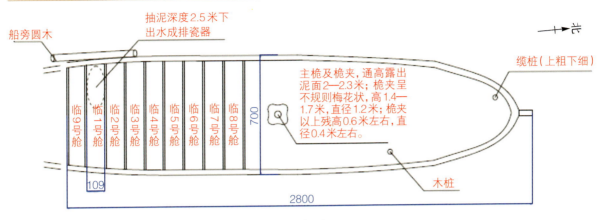

长江口二号沉船探摸示意图

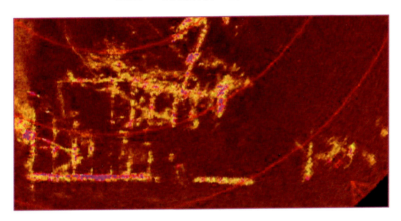

图1.2.5 2018年度长江口二号古船遗址水下调查结果示意图

（上：水下探摸结果示意图；下：2018年MSE1000扫测图）

（制图时间2018.11.19）

该年度调查对古船后部的临1号舱进行了重点探摸和局部清理，在距隔舱板上沿2—2.5米深度处发现瓷器堆积。经初步整理，出水文物以瓷器为主，以瓷器为主，还发现有"时泰"墨书铭题记的木桶板块，以及作为船体构件的隔舱板、船板、铁钉等遗物。该年度提取出水大量瓷器，均为成批发现且未经使用的新品，应是批量的船货，制作精美，类别多样，以青花瓷器为主，有青花梵文折腹碗、花卉纹碗，青花团龙纹盖碗，青花缠枝莲纹碟，还有吹绿釉杯等。其中，吹绿釉杯口沿施金彩，底书矾红"同治年制"篆书方款，为古船年代提供了重要依据（图1.2.6）。

综合分析以往调查成果，长江口二

图1.2.6 2018年度调查出水遗物

号古船应是清同治年间(1862—1874年)的海上贸易商船,船上装载了大批精美瓷器。

1.2.4　2019年水下考古调查重要进展

为进一步获取长江口二号古船的船体、船舱、船货和遗址周边的地质与水文环境等信息资料,并为今后制定长江口二号古船的发掘保护利用工作方案提供基础信息和资料,根据国家文物局的批复和要求(文物保函〔2019〕260号),在以往工作的基础上,明确了2019年度的工作目标为确认古船尺寸及埋藏概况、船体结构与船货情况、古船遗址周边环境及遗物散落概况。

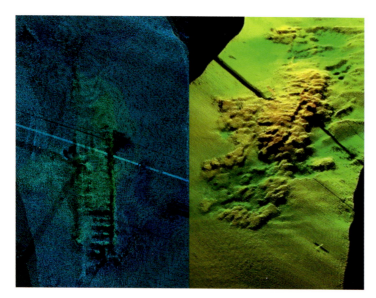

图1.2.7　2019年度长江口二号古船遗址多波束声呐扫测图

在国家文物保护专项资金的支持下,国家文物局水下文化遗产保护中心、上海市文物保护研究中心合作,宁波市文物考古研究所、福州市文物考古工作队、湖北省水下文化遗产保护中心等单位作为项目参与单位派出水下考古专业人员,共同组成长江口二号古船遗址水下考古工作队,在交通运输部上海打捞局、上海大学无人艇工程研究院等单位支持下,于2019年4月至5月,采用海洋物探设备扫测和潜水探摸、局部清理等多种方式,再次对长江口二号古船遗址进行了水下考古调查(图1.2.7)。

该年度调查确认了长江口二号古船的形制及尺寸,测得古船长度约38.6米,中部左右舷间宽约7.6米,船体左倾角度约为20°;船体深约3.5米,最大埋藏深度约5米(图1.2.10);遗址最高处为中部主桅杆,残存部分高出泥面约2.2米。古船整体保存较好,船舷板、肋骨、隔舱板等结构较为清晰,初步探得古船不少于31个舱(隔舱板不少30道),隔舱间距多为1米左右。在潜水探摸过程中,出水了桅杆、滑轮、船板等船体构件和属具,并在一个靠近船尾的船舱和一个靠近船首的船舱内发现了大量成批码放的瓷器,应为古船船货堆积。

调查期间,采集出水大量遗物,大体上可以分为船体构件与属具、船载货物、其他散落遗物三类。船体构件以木质和金属质居多,主要有桅杆(图1.2.8)、木构件,以及铁钉和铁条;船用属具有铁锚、棕绳、木滑轮、小型木件等。船载货物基本为陶瓷器,种类丰富,既有与2018年调查发现相似的器类,如青花梵文折腹碗、青花缠枝莲纹碟等;同时,也有一批新发现的瓷器,如成套的青花盒和盖盅、粉彩盖碗以及冬青釉瓷器,反映了清代晚期民间用瓷的概况(图1.2.9)。在船首和船尾还发现了一些宜兴紫砂壶残片,也是当时流行的茶具。此外,调查中还发现了烟嘴、煤块、金属工具等器物。

图1.2.8　2019年度调查船中部右舷外侧出水桅杆

图1.2.9　2019年度调查船首部左舷外侧出水瓷器

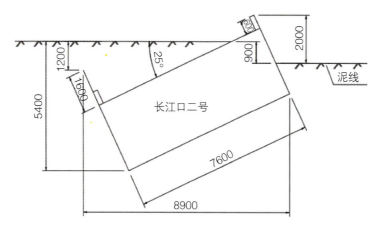

图1.2.10　长江口二号古船探摸示意图

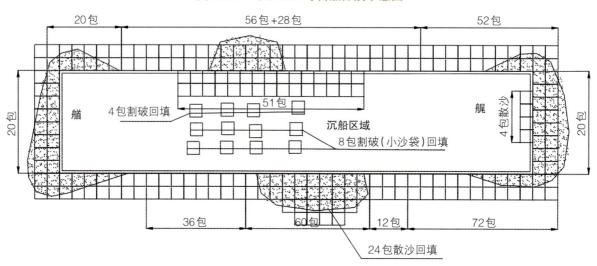

图1.2.11　砂包回填保护古船示意图

这些重要发现和成果,圆满完成了本年度的工作任务,为下一步工作方案的制定奠定了基础。调查工作结束后,对古船遗址进行了保护性回填(图1.2.11)。

1.2.5　2020年水下考古调查的重要成果

为了解长江口二号古船遗址安全及保存现状,并进行安全现状评估和散落遗物调查,进一步获取遗址水文环境信息,为后续保护和整体打捞提供科学依据,根据国家文物局文物保函〔2020〕828号《国家文物局关于2020年度长江口二号古船遗址安全及保存现状水下考古调查工作方案的批复》要求,又因新冠肺炎疫情和调查用起重船调度、天气等原因,国家文物局水下文化遗产保护中心、上海市文物保护研究中心、交通运输部上海打捞局和上海大学合作,于11月对古船遗址进行了水下考古调查。

通过多波束、侧扫声呐、浅地层剖面仪和磁力仪的物探扫测调查,结合潜水探摸,再次测量和确认了古船长38.5米、宽7.6米,隔舱板舱口宽5.2米左右(隔舱上部两侧有过道类设施)。古船左倾约27°；前后基本无倾角（即纵倾角度）。桅杆位于古船中部略靠前，由隔舱板顶端至桅杆顶部的残长为3米，残存部分顶端周长1.8米，桅杆底部左右各有0.2米厚的桅夹，左侧桅夹外侧到左舷外沿的距离为1.7米，在船内的整体位置偏左。此外，还首次在古船中部（桅杆前部）北4舱位置初步测算出该处古船深为3.65米（图1.2.12、图1.2.13）。

调查期间，北4舱堆积中发现有隔舱板（图1.2.14，隔舱板上下衔接加固用铁片厚1厘米）。

调查确认古船左右舷陆续露出泥面，基本完整，左舷淤埋较深，保存状态相对较好；右舷一侧保存状态则较差，出露高度仍在增加，尤其是出露于泥面的木板、舱板（图1.2.14）等船体结构物，有明显的糟朽痕迹，出露在外部分的损毁较为严重，船舱内外散落一些碎木块，隔舱板出露高度不等，有的

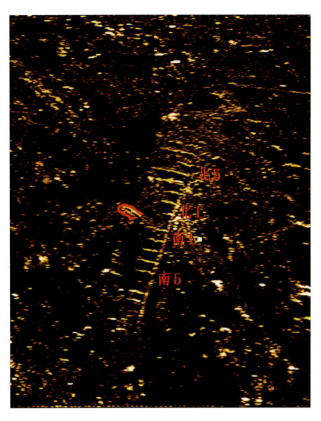

图1.2.12 2020年11月21日侧扫声呐图（左侧标注为桅杆）

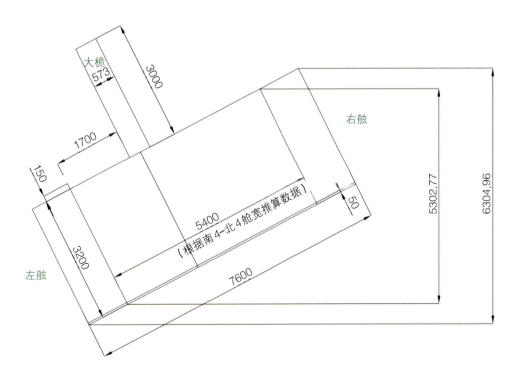

图1.2.13 古船尺度示意图

（桅杆舱横剖面示意图，型深采用北4舱数据）

图 1.2.14　隔舱板残件与铁箍条

达30厘米左右,可推测其仍在继续受到水流冲刷的破坏。

由于古船突出于周边海床,船舱内外覆盖有较多渔网,尤其是突起海床较高的中部桅杆前后,这些渔网应为附近水流冲刷漂来,这在一定程度上起到了保护古船本体之作用。2019年调查工作结束时使用了沙袋回填保护(470多个吨袋),船舱内使用小沙袋和沙子填充,船左右两侧及船首尾外侧均使用吨袋,冲刷严重的南侧区域则使用了多层沙袋挡护。这些沙袋基本保存完好,防护作用明显,减缓了古船所受的水流冲刷。

此外,多波束测深图像显示古船外左、右两侧均有明显突起物,左侧为长条形突起,经水下探摸判断其为软、硬质泥;右侧的突起为沙袋;且磁力仪探测表明古船周边有磁力异常点。受作业时间、天气等因素限制,未能完全确认其堆积性质。

1.3　古船周围环境

横沙岛位于崇明区东南部,长江口入海处,西邻长兴岛,北为崇明岛,西南为浦东新区,呈海螺状,面积约50平方公里。

横沙岛属亚热带季风气候,具有明显的海洋性气候特征,四季分明,年平均气温为15.4摄氏度,年总降雨量1 100毫米左右,常年风向以东北风、东南风为主。每年7、8、9月热带风暴、台风影响本地区,台风以偏东北风和偏东南风为主,常伴有暴雨或大暴雨。

据1997年中华人民共和国水利部、电力工业部上海勘察设计院对长兴、横沙两岛水域规划研究报告载:长江口南支河段被长兴、横沙两岛分为南港和北港。据水文资料分析,南北港多年平均的涨潮量为56%和44%。多年平均落潮量分配比各50%,最大变幅不超过8%。

长江口属中等强度的潮汐河口,每天两涨两落,日潮不等现象较为显著。南港平均涨潮历时5小时15分,平均落潮历时7小时15分。据横沙水文站历年潮位统计资料载:历年最高潮位为

5.53米,平均高潮位3.23米,平均低潮位0.64米,历年最低潮位−0.6米。

长江口二号古船位于长江口北港下段主槽,口门内侧拦门沙核心位置,南岸距离横沙东滩新圈围大堤约3公里,距离横沙通道冰库码头的水上距离约为33.5公里。古船点位置潮位在大潮期间在6.4—10.6米之间。该处的水流情况为:大潮期间的最大垂线平均流速2 m/s,小潮期间的最大垂线平均流速1 m/s。

1.4 标准与规定

- 《中华人民共和国安全生产法》
- 《国际海上人命安全公约》
- 《中华人民共和国海洋环境保护法》
- 《国际防止船舶造成污染公约》
- 《国际船舶载重线公约》
- 《船舶完整稳性规则》
- 《上海打捞局空潜潜水操作规范》

第二章 古船迁移方案制定

2.1 概 述

长江口二号古船发现的地点是长江出海口，在大量的泥沙冲刷堆积之下，掩埋着的古船至今仍然较完整。如何确保古船安全、完整地打捞出水，而又不扰动周围泥沙给古船带来二次损伤，难度无异于"捧在手里怕摔，含在嘴里怕化"。这样的水下考古，需要专业打捞力量和科技赋能，运用现代化创新手段，进行科学打捞。

交通运输部上海打捞局是国内最大、世界知名的专业救捞公司。1951年8月，经国务院批准，中国人民打捞公司在上海诞生，即交通运输部上海打捞局的前身，我国第一支专业打捞力量就此形成。自建局以来，交通运输部上海打捞局沉船打捞从小到大、从弱到强，先后进行了各种江河海域的打捞工程，取得了丰硕成果，截至目前已救助打捞各类遇险船舶、沉船沉物等障碍物两千余件，救援各类遇险人员两万多名，应急清除海上污染源和化学品两万余吨，拥有经验丰富的救捞指挥队伍、专业化的救捞船队和品种齐全的应急物资仓库，能够高水平、高效率、高价值完成各类打捞工作。

长江口二号古船整体迁移工作难度高、挑战大，为确保古船安全、完整迁移至船坞，上海打捞局针对古船整体迁移提出了多项方案，包括整体打捞、古船起浮运输方案，并对提出的方案开展多次研讨、专家评审、试验验证等，综合比较以确定最终实施方案。

本章节主要讲述古船整体打捞、古船起浮运输方案的综合比选以及专家评审意见，为后续项目试验以及正式施工奠定理论基础。

2.2 古船整体打捞方案制定

长江口二号古船整体包括船体本身、船载文物以及遗址原生堆积。考古学上，三者为密切相关的整体，尤其是遗址的原生堆积中，保存了大量的历史和自然环境信息，必须妥善保存。针对长江口二号古船地点的水文现况，确保古船安全、完整打捞出水，上海打捞局提出长江口二号古船遗址整体打捞的三个方案,分别为弧形梁方案、分段沉箱方案以及沉井方案,下面分别就三个打捞方案的技术方法、施工工艺、安全风险等方面进行综合比较。

2.2.1　三种打捞方案主体思路

基于对古船船体本身、船载物以及附近原生堆积的保护,上海打捞局提出了弧形梁、分段沉箱以及沉井三种方案,三种整体打捞方案都采用非接触式设计,将三种方案从工艺、施工效率、安全风险等方面进行对比,最终选择最优的沉船整体打捞方案,为我国乃至国际整体打捞的提升提供了技术基础。

弧形梁方案主体思路为采用弧形梁系统包裹古船及其周边原生遗址,弧形梁系统包括22根弧形梁、顶梁端板框架、发射架、控制系统、动力系统等,其中顶梁、梯形端板以及底托弧形梁组合形成一个整体框架,整体框架尺寸大于沉船,将沉船及其附近原生物整体包裹在里面,并且整体框架与古船无接触,可以起到对古船和周边遗址很好的保护作用(图2.2.1)。

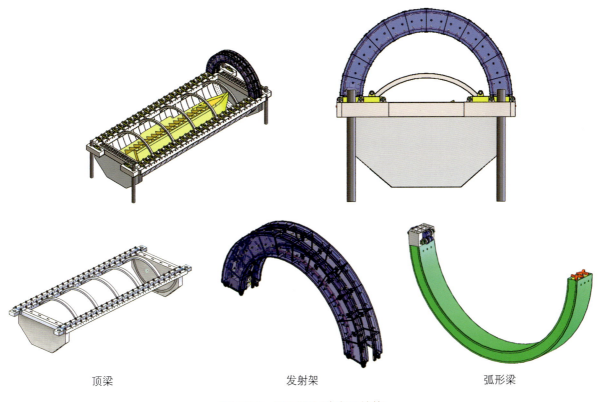

顶梁　　　　　　　　　　　　发射架　　　　　　　　　　　　弧形梁

图2.2.1　弧形梁系统主要结构

分段沉箱方案主体思路为采用分段沉箱系统包裹古船及其周边原生遗址,分段沉箱系统包括钢板桩、挡泥桩、顶推结构、沉箱和托底钢梁、控制系统、动力系统等,其中分段沉箱和底托钢梁组合体将沉船及其附近原生物整体包裹在里面,并且整体框架与沉船无接触(图2.2.2)。

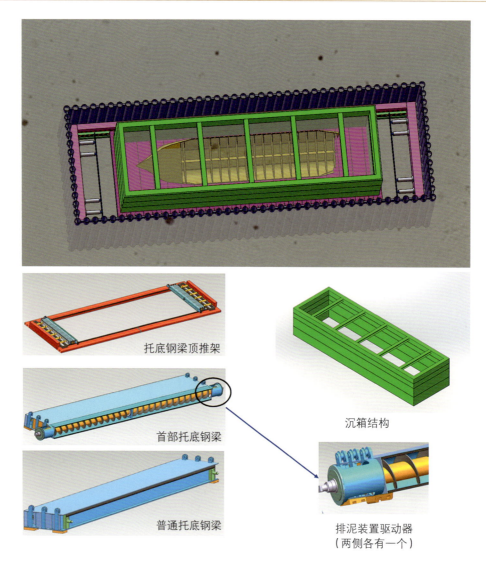

托底钢梁顶推架

首部托底钢梁

普通托底钢梁

沉箱结构

排泥装置驱动器
（两侧各有一个）

图2.2.2　分段沉箱系统主要结构

　　沉井方案主体思路为采用钢沉井系统包裹古船及其周边原生遗址，钢沉井系统包括沉井、托底钢梁、水泥块等，在沉船位置处下放一个钢制沉井罩住古沉船，沉井中空尺寸大于沉船的外轮廓，在采用静压法下沉沉井到足够深度后，穿引托底横梁，从而形成一个完整包住沉船的钢结构组合体，整个沉井框架与沉船也是无接触式（图2.2.3）。

2.2.2　弧形梁方案介绍

　　弧形梁系统包括弧形梁、顶梁—端板组合框架、发射架、控制系统、动力系统等（图2.2.4）。顶梁结构为沉船底部弧形梁的始发及接收支座，同时也是沉船整体起吊的受力结构。顶梁两长边横梁之间用支撑梁连接，以增加顶梁结构的整体强度和稳定性。顶梁结构两端连接梯形端板，形成顶梁—端板框架组合体。端板内设置有循环式链斗除泥系统，用以顶梁—端板组合体下放

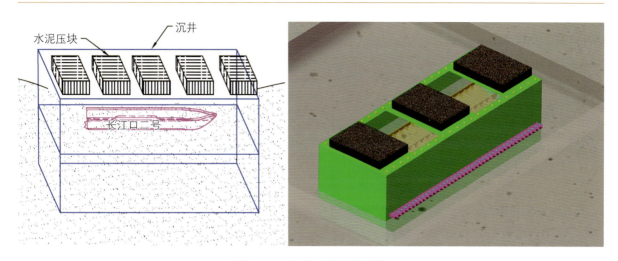

图2.2.3　沉井系统主要结构

图2.2.4　顶梁—端板组合框架

安装时快速高效地自动排泥下沉。

顶梁两长边横梁上预留有固定每根弧形梁对应的插销孔，弧形梁安装到位后插上销轴固定，完成顶梁与弧形梁的连接。顶梁面板上安装了发射架固定用的插销眼板，当弧形梁安装完成后，回收发射架，将起吊吊梁与顶梁面板上的眼板连接，作为整体起吊的吊点使用。

弧形梁是古船底托钢梁，弧形梁系统将根据沉船的尺寸安装若干半圆形弧形梁结构，弧形梁结构前端部安装切削驱动，末端部安装推进装置（图2.2.5），其中切削驱动和推进装置可拆卸，进而重复使用，节省成本。控制系统、动力系统通过动力和控制管路连接至弧形梁，为弧形梁穿过古船底部提供动力和控制行程、速度等。弧形梁内部有泥水管路，弧形梁内左右两侧设置有进出泥水管口，弧形梁前端通过切削搅松的泥土及其他杂物沿垂直于顶进方向流动，将挤入的土体沿泥水管从弧形梁后端排出，进而减小弧形梁顶进前端的阻力。

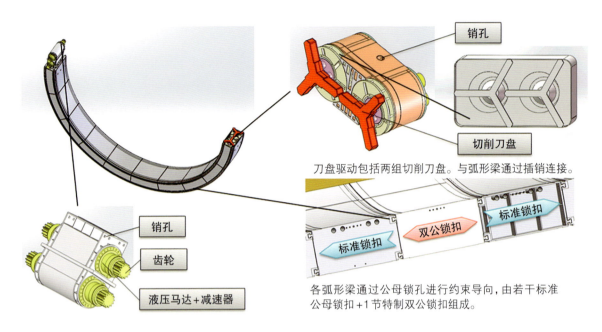

销孔

切削刀盘

刀盘驱动包括两组切削刀盘。与弧形梁通过插销连接。

销孔

齿轮

液压马达+减速器

标准锁扣　双公锁扣　标准锁扣

各弧形梁通过公母锁孔进行约束导向,由若干标准公母锁扣+1节特制双公锁扣组成。

图2.2.5　弧形梁结构

　　发射架是弧形梁的发射装置(图2.2.6),弧形梁预先安装在发射架内,发射架上安装有齿条,与推进装置的齿轮啮合并提供推进反力。液压马达固定在推进装置上,并带动小齿轮转动,齿条提供推进反力,推进箱的液压马达顶推弧形梁,沿弧形梁的弧度向前推进。发射架的弧形框架与弧形梁同心圆,并通过可调滑轮夹紧。

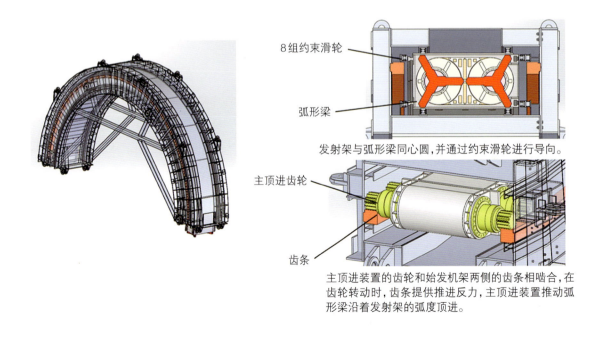

8组约束滑轮

弧形梁

发射架与弧形梁同心圆,并通过约束滑轮进行导向。

主顶进齿轮

齿条

主顶进装置的齿轮和始发机架两侧的齿条相啮合,在齿轮转动时,齿条提供推进反力,主顶进装置推动弧形梁沿着发射架的弧度顶进。

图2.2.6　发射架结构

弧形梁系统安装顺序为：首先安装四根定位桩，用来对顶梁端板组合框架定位。再沉放顶梁—端板组合体，开启链斗除泥系统，使顶梁—端板组合体自动下沉至设计深度。然后下放装有弧形梁的发射架，顶穿弧形梁，使弧形梁穿过沉船底部，将弧形梁与顶梁用销轴连接。利用同样的方法完成所有的弧形梁顶穿后，顶梁端板组合框架以及若干根弧形梁形成的组合体将古船包裹其中。最后安装起吊小吊梁，将起吊小吊梁与顶梁连接，利用液压提升设备起浮弧形梁系统和沉船整体。

弧形梁系统在打捞作业中的安装流程如下：

首先安装四根定位桩。经过前期预调查对沉船位置及其附件泥质特性掌握后，为了保证顶梁的水下安装精度，需要在沉船四周安装定位桩，顶梁框架的四个角上装有导向筒可分别穿过四根定位桩，实现顶梁框架的导向定位（图2.2.7）。

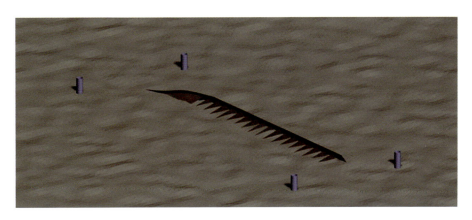

图2.2.7 安装四根定位桩

安装顶梁—端板组合框架。根据复测的定位桩位置，在顶梁端板四个角边安装四个导向筒结构。利用工程起重船吊机将顶梁—端板组合框架起吊，顶梁—端板组合框架四端的导向筒对准相应的四个定位桩，吊机沿定位桩吊放顶梁—端板组合框架下水，同时启动两端板内的循环式链斗除泥装置，一边下放顶梁—端板组合框架，一边进行机械式自动排泥，使顶梁端板慢慢下沉至设计位置（图2.2.8）。

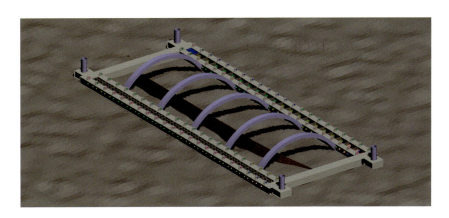

图2.2.8 安装顶梁—端板组合框架

安装发射架。预先连接弧形梁通信、控制、动力及泥水等管路系统,再将切削驱动和推进箱分别组装到弧形梁的前端和末端。启动驱动装置,开启液压马达,吊机协助将弧形梁安装到弧形梁发射架内设计位置,插上插销临时固定。工程起重船吊机将装有弧形梁的发射架吊放下水,当弧形梁发射架上的定位套筒套入顶梁上的定位柱后,继续慢慢下放,直到发射架安装到位,发射架与顶梁对应的吊耳用销轴连接,将发射架固定在顶梁上。这里的销轴使用液压油缸自动顶推方式安装,不需要潜水员下水安装,节省了安装时间,减小了水下作业风险。

顶穿弧形梁。弧形梁顶穿顺序为先顶穿顶梁两端的两根弧形梁,再从两侧向中间依次顶穿,最后顶穿中间的弧形梁。启动弧形梁前端的切削驱动系统,切削刀盘开始转动并破碎弧形梁前进方向的泥土及其他杂物。同时启动弧形梁末端推进箱系统,推进系统的液压马达开始顶推弧形梁,第一根弧形梁沿着顶梁—端板组合框架的导向槽逐步沿圆周方向穿过古船底部。当弧形梁的前端穿过古船底部顶推至另一端设计位置时,将销轴插入插销孔内,完成弧形梁与顶梁的连接(图2.2.9)。

将第二根弧形梁安装到弧形梁发射架上,吊机将弧形梁发射架吊放至顶梁的第二根弧形梁安装位置,穿第二根弧形梁时,第二根弧形梁的凸起锁扣结构与第一根弧形梁的导向槽贴合。以此类推,将剩余所有的弧形梁都穿过沉船底部并安装到位。弧形梁之间有凹槽与凸起结构,在其缝隙中将填充密封材料,防止弧形梁包裹的土质漏流。

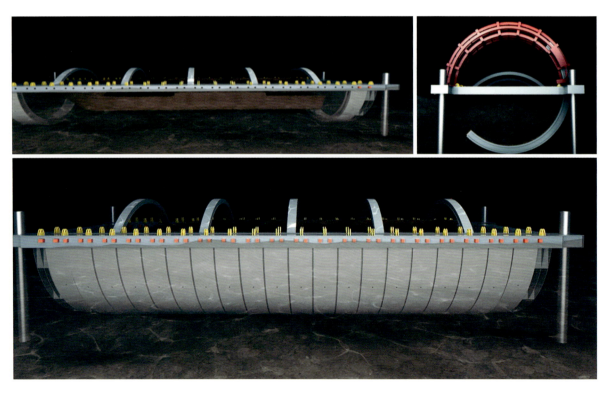

图2.2.9　顶穿弧形梁

　　安装起吊小吊梁。起吊小吊梁的作用是整体起浮时将弧形梁系统（包括弧形梁系统包裹的沉船）与液压提升系统进行连接。安装起吊吊梁时，吊机吊起小吊梁入水，潜水员引导将起吊小吊梁安装到预定位置，用液压油缸顶推销轴连接至顶梁相应的吊耳，完成起吊小吊梁的安装。

　　起浮前提升系统与弧形梁系统的连接。抬浮驳船到达现场预定位置抛锚布场后，抬浮驳船上的提升系统与相应的起吊小吊梁用液压油缸顶推销轴连接，并在销轴上装好防脱保险，为整体起浮沉船做好最后的准备工作（图2.2.10）。

图2.2.10　连接提升设备与弧形梁系统

2.2.3　分段沉箱方案介绍

　　分段沉箱系统安装顺序为：首先安装外围钢板桩、挡泥桩，用来减小水流对施工的影响以及挖泥引起的塌陷。再在钢板桩与挡泥桩之间挖泥，安装顶推导向支撑架、分段沉箱。然后安装底托钢梁和沉箱顶盖，底托钢梁和分段沉箱组合体将沉船包裹其中。最后安装起吊小吊梁，将起吊小吊梁与分段沉箱连接，利用液压提升设备起浮分段沉箱系统和沉船整体。

　　分段沉箱系统在打捞作业中的安装流程如下：

　　安装钢板桩和挡泥桩。经过前期预调查，确认沉船位置及其附件泥质特性等信息。打桩船到现场抛锚布场，进行内圈钢板桩和外圈挡泥桩的沉桩，其中内圈钢板桩将沉船围在里面，用以减小后期挖泥等施工对沉船周边泥质的扰动。外圈挡泥桩又将内圈钢板桩和沉船整体包围，用以减小周边水流对施工的影响。沉桩控制在水面上1—2米，设置在一定范围内集中用替打送到指定标高。待所有桩打完后，在内圈钢板桩内侧顶部和外圈挡泥桩顶部安装支撑结构用于固定（图2.2.11、图2.2.12）。

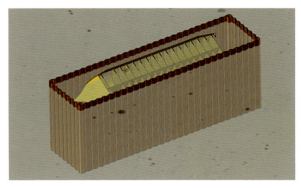

图2.2.11　安装钢板桩示意图

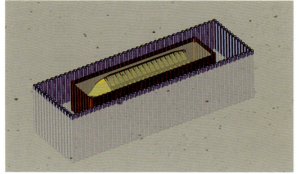

图2.2.12　安装挡泥桩示意图

安装导向支撑架。钢板桩和挡泥桩安装完成后,由挖泥船在钢板桩和挡泥桩合围的区域内挖泥至设计深度。需要将该区域的土层进行整平,保证深度要求。工程起重船到现场就位,起吊下放顶推导向支撑架至钢板桩和挡泥桩之间的区域至泥面(图2.2.13)。

图2.2.13　顶推导向支撑架示意图

安装分段沉箱。下放第一段限位沉箱至导向支撑架轨道结构上装有斜撑的结构上。沉箱底部落于导向支撑架的斜撑结构上,由潜水员水下解除限位沉箱吊索,限位沉箱底部与泥面留有一根钢梁的高度。

通过吸泥管或打泥设备,让导向支撑架轨道结构和限位沉箱同步下降,然后下放第二段限位沉箱至第一段上方,并用销轴连接,潜水员解除沉箱吊索;继续吸泥,下放导向支撑架轨道结构和限位沉箱继续下沉,下放第三段限位沉箱至第二段上方,并用销轴连接,潜水员解除沉箱吊索。

三段限位沉箱下沉到位后,潜水员在水下解除导向支撑架吊索,将索具连接至挡泥桩上进行固定。导向支撑架头尾各有4组液压顶推油缸、两侧有滑行限位轨道(图2.2.14)。

安装底托钢梁和沉箱顶盖。待3段沉箱安装到位后,下放托底钢梁至顶推油缸前方的轨道

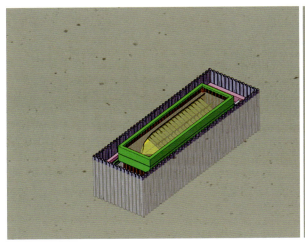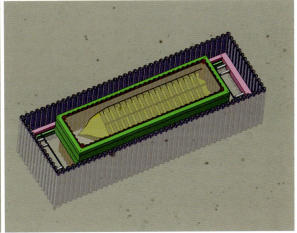

图2.2.14 分段沉箱安装示意图

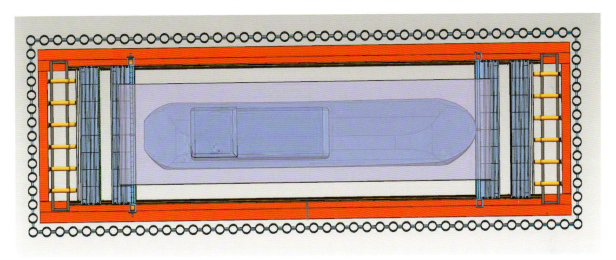

图2.2.15 托底钢梁安装示意图

内,起重浮吊船配合将内圈两端的钢板桩依次拔起,通过顶推油缸将托底钢梁依次从两侧推入沉船遗址下放。为便于托底钢梁推入沉船遗址底部,在顶推的第一根钢梁前侧装有排泥装置(图2.2.16),该装置由两端各有一个液压马达驱动的排泥器组成,可同时驱动也可单独驱动。在首根钢梁两端还安装有一套吸泥装置,可将排出的泥抽离。托底钢梁全部安装完后,内圈钢板桩全部回收,为保证沉箱整体结构稳定,安装第4层沉箱顶盖(带横梁结构),沉箱顶层同样用销轴与沉箱主体连接(图2.2.15、图2.2.17)。

安装起吊小吊梁、提升系统与分段沉箱系统的连接。分段沉箱系统安装起吊小吊梁、提升系统的操作步骤与弧形梁系统类似。

2.2.4 沉井方案

沉井系统安装顺序为:首先在沉船位置下放钢制沉井结构罩住沉船,沉井中空尺寸大于沉

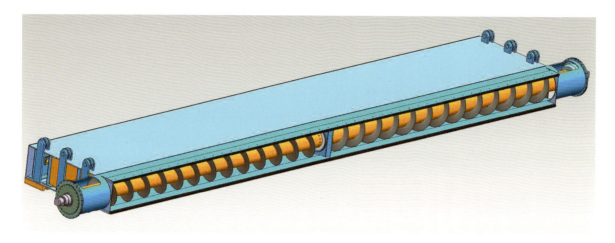

图2.2.16　首根托底钢梁排泥装置示意图

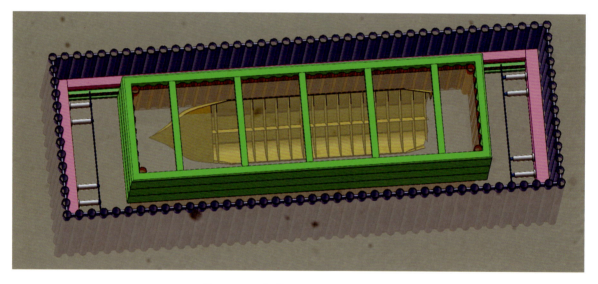

图2.2.17　安装限位沉箱顶盖示意图

船的外轮廓。采用静压法下沉沉井到足够深度后,穿引托底横梁,从而形成一个完整包裹住古沉船遗址的钢结构。最后安装起吊小吊梁,将起吊小吊梁与沉井结构连接,利用液压提升设备起浮沉井系统和沉船整体。

沉井系统在打捞作业中的安装流程如下:

安装定位桩。经过前期预调查,确定沉船位置及周围泥质特性。安装4根定位桩,在沉井两个主侧面各安装2根,防止沉井受水流的影响产生不可控的移动造成沉船遗址的破坏。

下放沉井。起重工程船进场抛锚布场,主吊机起吊并下放沉井结构,沉井依靠其自身重力下沉。在沉井到达设计深度之前需要对沉井外围四周进行挖泥,开挖至设计深度,防止沉井外侧泥土隆起从而造成沉井罩内的泥土扰动。如果沉井靠自重下沉不到位,需要在沉井上方加载静压力。可通过水泥压块以及在沉井内部夹层中灌入一定量的沙子的方式达到所需的静压力,从而使沉井结构下沉到位(图2.2.18)。

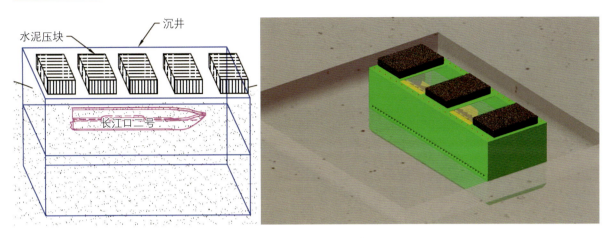

图2.2.18　下放沉井示意图

安装沉井底托梁。使用预埋的引绳牵引第一根底托梁，并在第一条底托梁上开槽带下一条引绳到沉井的另一侧。在沉井底部一侧位置安装拉合千斤顶和底托梁导向结构，拉合千斤顶和底托梁导向结构装配成一体。

底托梁吊放于沉井一侧预先安装好的三角钢架上，通过三角钢架调整底托梁的高度，通过手摇葫芦，在三角架上可以对底托梁的位置进行上下、左右的调整，以使底托梁达到穿引的要求。同时使用钢丝绳拖拉和拉合千斤顶将底托梁穿引通过沉船底部。

按照第一根底托梁穿引相同的步骤穿引剩余底托梁，使沉井结构和底托梁组合体整体将沉船包裹其中（图2.2.19）。

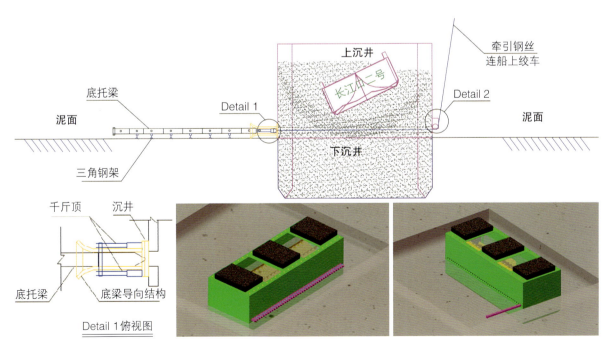

图2.2.19　穿引底托梁示意图

安装起吊小吊梁、提升系统与分段沉箱系统的连接。沉井系统安装起吊小吊梁、提升系统与弧形梁系统类似，参考2.2.3节。

2.2.5　综合比较

针对三个方案的技术特点、施工工艺以及安全风险等综合对比分析：

表2-1　方案比选

	弧形梁方案	分段沉箱方案	沉井方案
海上工期	计划海上施工110天	计划海上施工294天	计划海上施工303天
工艺效率	现场水流快且浑浊，采用弧形梁方案机械化、自动化程度高，潜水工作量少，施工效率高。	机械化、自动化介于弧形梁与沉井方案之间；潜水工作相对弧形梁方案较多，施工效率较低。	自动化程度不高，潜水工作量相对最多，施工效率较低。
安全风险	1. 现场挖泥量少，无塌陷风险； 2. 顶梁沿定位桩下放安装，受水流影响小，对沉船无扰动风险； 3. 弧形梁穿船底在泥面下，不受水流影响，且受泥土阻力小； 4. 安装工序简单，自动化程度高，台风影响时撤场快； 5. 施工工期内冷空气影响小。	1. 现场挖泥量较大，有塌陷的风险； 2. 分段沉箱下放时受水流影响有与沉船碰撞的风险； 3. 托底梁安装受水流影响且泥土阻力大； 4. 安装工序较多，受台风影响时撤场较慢； 5. 冬季施工期间受冷空气影响。	1. 现场挖泥量最大，有塌陷风险； 2. 沉井下放受水流影响有与沉船碰撞的风险； 3. 托底梁安装受水流影响且泥土阻力大； 4. 有台风影响时撤场较慢； 5. 冬季施工期间受冷空气影响。

综上所述，通过施工工期、工艺效率、安全风险对三个方案进行综合对比，弧形梁方案最优，最适合进行推广和应用示范。

2.3　古船整体打捞方案评审

交通运输部上海打捞局完成初版的三个打捞方案编制后，2020年11月16日，上海市文物局组织召开了《长江口二号沉船水下考古和保护方案》（征询稿）第一次专家评审会，与会专家听取了交通运输部上海打捞局对长江口二号古船整体打捞的三个方案汇报后，形成部分意见和建议。

综合三个沉船整体迁移方案的安全性、施工难度、工期、投入等因素，专家一致认为弧形梁方案更具可行性，应尽快完成模拟试验并完善整体迁移方案。第一次专家评审结束后，上海打捞局联合各单位于2021年1月20日至2月8日开展了1∶10单根及五根弧形梁的缩尺模型试验，成功完成了单根及五根弧形梁的顶穿，并且整体密封性达到预先设计效果，详见3.2章节。

2021年3月11日，上海市文物局组织召开第二次专家评审会议，结合已完成的1∶10缩尺模型试验结果,与会专家一致认为弧形梁方案更具可行性并对弧形梁方案提出了技术改进建议。

交通运输部上海打捞局针对专家的建议对弧形梁方案进行了改进完善,并提交国家文物局领导专家审核。2021年4月8日,国家文物局文物保函〔2021〕444号《国家文物局关于长江口二号沉船整体发掘考古项目意见的函》,国家文物局同意对长江口二号古船进行整体迁移及考古发掘。2021年6月10日,上海市文物局组织召开第三次专家评审会议,基于国家文物局发函建议及弧形梁方案内容,与会专家建议组建一支水下考古、打捞、文物保护专业技术队伍,并完善弧形梁方案相关技术与安全应急预案,确保古船整体打捞过程中的文物安全和施工作业安全。

2021年9月14日,常务副市长陈寅、副市长陈通针对长江口二号古船整体迁移召开了市第一次专题会议,确定交通运输部上海打捞局作为长江口二号古船整体迁移工程的实施单位,并尽快实施1∶1等比例现场试验,详见3.3章节。

交通运输部上海打捞局于2021年12月23日至2022年1月26日在古船现场附近开展了等比例试验,成功完成了三根实际尺寸弧形梁安装及整体框架起吊任务,等比例试验顺利完成。

2022年1月17日,陈通副市长召开第二次专题会议,听取了长江口二号古船整体迁移项目等比例试验成果汇报并给予肯定。2022年1月27日,基于等比例试验成果,上海市文物局组织专家对长江口二号古船迁移方案进行第四次论证会,专家一致明确了弧形梁方案满足对文物原生性、完整性、安全性的保护要求,并建议尽快开展施工作业。

2.4　古船起浮运输方案制定

长江口二号古船最大起浮重量计算值达到8 800吨,为大吨位整体打捞。为了确保整体起浮、运输的安全性、完整性及原生性,上海打捞局提出两种起浮运输方案,一种是双抬浮驳方案,另一种是创新设计开口驳方案,以下是两种方案的介绍和比选。

2.4.1　双抬浮驳方案

弧形梁和起吊吊梁安装工作完成后,两条抬浮驳进场抬浮沉船遗址。抬浮驳进场前,预先在两条抬浮驳甲板上安装液压提升系统、锚泊系统等。46套液压提升设备对称布置在两条抬浮驳甲板上,每套提升系统由提升油缸、油缸反力支撑架、提升索、滑轮架、滚轮或导链轮等组成。每套提升系统提升能力不小于350吨,提升速度为4—6米/小时,总体提升能力达到16 100吨吊力以上,大于长江口二号沉船遗址最大提升重量8 800吨。46套提升系统既可以同步提升,也可以单组动作其余锁定,还可以几组动作其余锁定,具有非常灵活的调整能力。整个提升系统采用计算机集成控制,可实时显示各油缸的受力情况,并针对性地开发了智慧打捞监控系统(图2.4.1)。

抬浮驳进场后整体抬浮施工步骤如下:

抬浮驳到达现场后,按设计锚泊方案分别在沉船两侧抛锚布场,两艘驳船分别抛8点锚。两抬浮驳在拖轮的辅助下移位至沉船附近预定位置,在两抬浮驳之间不影响沉船整体抬浮的地方

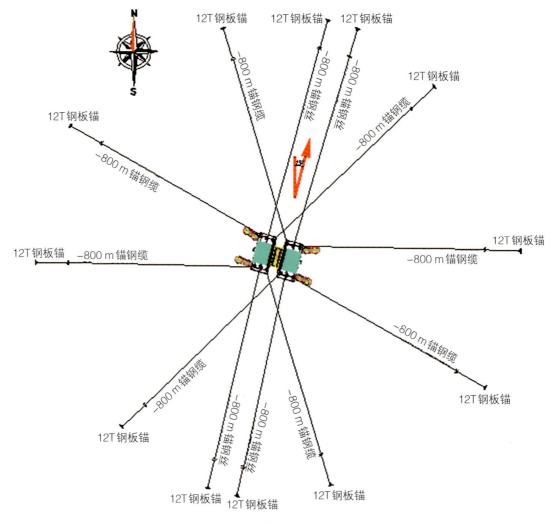

图2.4.1　双抬浮驳抛锚布场图

连接强力尼龙缆。

　　两条抬浮驳船艉处放置未充气的橡胶气囊,待沉船抬浮出水到一定高度,对气囊充气,避免沉船和抬浮驳舷侧碰撞。

　　两条抬浮驳上预先安装液压提升设备和舷侧支架、滚轮结构,启动液压提升设备,下放钢绞线连接的钢丝绳或链环,液压提升设备的钢丝绳或链环将通过舷侧滚轮与顶梁上对应的起吊吊梁通过销轴连接,共完成46套提升设备与起吊吊梁的连接。

　　潜水员在顶梁上安装姿态监控系统,以便观测监控沉船起浮时的姿态变化情况。

　　整体抬浮前,两抬浮驳压载到设计水位,收紧钢绞线或链式提升器,潜水员检查起吊索具最终状态,确保各连接正确、保险完好。

　　沉船起浮离底前,钢绞线或链式提升器按照逐级加载原则逐步施加拉力,同时对所有弧形梁充气或注水,通过弧形梁预留的小孔向外喷空气或水流,以降低弧形梁的吸附力,减少沉船整体抬浮吊力。沉船离底后,保证所有油缸同步提升。

按照同步提升原则逐步提升沉船遗址整体,提升过程根据顶梁上的角度传感器确定、调整整体姿态。当沉船遗址与顶梁、弧形梁整体上浮到设计高度时,停止提升,施工人员对两条抬浮驳及沉船带缆固定(图2.4.2)。

图2.4.2 抬浮提升沉船示意图

4条港拖协助两抬浮驳起锚,之后大马力主拖轮拖带沉船遗址和抬浮驳整体,4条港拖协助,将抬浮驳与沉船遗址整体拖至半潜驳(半潜驳预先下沉)附近,准备将沉船遗址转移至半潜驳(图2.4.3)。

图2.4.3 大马力拖轮拖沉船遗址至半潜驳附近

由于现场的气象条件将极大地影响抬浮和半潜驳的起浮作业,为了保证起浮作业的安全,气象要求非常严格。同时作业窗口必须是在每个月的小潮汛期间。最终的起浮时机由打捞局现场总指挥决定。

半潜驳上预先安装钢制轨道和马鞍形底座,提前在合适位置抛锚,此位置水深合适,水流应相对较慢,适合沉放和进驳。

提前做半潜驳沉放和起浮试验,检验所有设备功能,找到沉放和起浮所需时间及规律,发现问题并及时解决。半潜驳下沉到一定深度位置等待。

沉船遗址起浮后,大马力拖轮在4条港拖协助下拖抬浮驳和沉船遗址前往半潜驳位置,当移动到半潜驳附近一定距离时,在半潜驳和抬浮驳艉尾分别连接缆绳,使抬浮驳横向靠近半潜驳舷侧。

　　拖轮协助将抬浮驳和沉船遗址向半潜驳横移,同时半潜驳缆绳收紧,控制抬浮驳方位,通过半潜驳上的测距定位系统测量各船的相对位置,通过定位实时监控、测距等手段调整并最终确认沉船遗址是否移船到位。

　　沉船遗址横进半潜驳过程中,需要始终监测沉船遗址姿态与半潜驳甲板轨道、艏楼,尾浮箱的相对位置,拖轮的操作需要十分小心,防止拖轮与半潜驳发生擦碰(图2.4.4)。

图2.4.4　沉船遗址上半潜驳示意图

　　当沉船遗址的位置已经到达设计位置后,半潜驳开始排载起浮。

　　潜水员从抬浮驳首尾下水,探摸弧形梁的位置,确认是否与马鞍形底座正确接触。如果弧形梁和马鞍形底座未正确接触,则不能继续起浮;需要半潜驳再次下沉,调整沉船遗址的位置。半潜驳再次起浮至马鞍形底座刚刚接触托底弧形梁处,定位系统和潜水员再次确相对位置无误后,方可继续进入下一步的排载起浮。

　　沉船重量完全转移到半潜驳后,由于沉船的重心和半潜驳重心不在同一位置,可能导致半潜驳横倾纵倾变化,可以通过调整压载舱的液位来调整半潜驳的横倾和纵倾。

　　抬浮驳上的提升系统受力逐渐减小,钢绞线或链式提升器链环渐渐松开,直至液压提升设备张拉力为零,抬浮驳也需要相应地向反方向排载以保持抬浮驳水平。

　　两条抬浮驳解缆,拖轮辅助抬浮驳分别向外移出适当距离,为半潜驳的出水留出空挡。

　　沉船遗址起浮后,解除抬浮连接吊索,解除抬浮驳与沉船遗址的连接缆,在半潜驳上对沉船遗址与顶梁、弧形梁整体进行临时绑扎固定。

　　港拖拖带两抬浮驳离开现场,半潜驳起锚离开现场,前往指定码头,准备将沉船遗址转移至运输驳上临时存放。

　　运输驳预先在指定码头等待。半潜驳航行到达运输驳附近,与运输驳艉靠艉对接,将沉船遗址从半潜驳滑移至运输驳,过程如下:

　　在运输驳上预先安装钢制轨道和液压拖拉设备,并对液压拖拉设备进行试拉实验,确保其可靠性。

　　沉船遗址上半潜驳后,半潜驳航行前往指定码头靠泊并带缆,运输驳移船,使其船尾靠半潜驳的船尾,两船之间用缆绳连接,压载保持半潜驳与运输驳甲板面平齐,调整缆绳,使两船钢制轨道在一条直线上(图2.4.5)。

图2.4.5　半潜驳运输沉船遗址

解除半潜驳上沉船遗址的临时绑扎,慢慢将沉船遗址整体拖滑至运输驳预定位置,拖滑过程中注意控制两船压载水,保持艉甲板面始终平齐。

当沉船遗址滑移到设计位置时,停止拖拉,拆除拖拉设备与顶梁的连接。调整压载水至合适的吃水位。

半潜驳复原,施工人员对运输驳上沉船遗址整体进行绑扎固定。沉船遗址临时存放在运输驳上,由运输驳运载古沉船前往指定地点卸船(图2.4.6)。

图2.4.6　古船从半潜驳转运到运输驳

2.4.2　开口驳方案

长江口二号古船整体打捞迁移项目方案研讨时,按照以往传统大吨位打捞方式,需要两条驳船在沉船左右两侧抬浮,并且抬浮后无法航行,因此还需要另一艘半潜驳船接驳沉船后转运至运输驳,再运输至目标卸船地点。按照双抬浮驳起浮打捞方式,至少需要投入2条抬浮驳、1条半潜船、1条运输驳,并且需要2次转驳,整个过程投入的船舶资源多,涉及2次以上转驳过程,作业工序复杂,耗时较长,投入成本大,而且锁定资源很困难。于是上海打捞局创新性提出开口驳起浮、运输古船方案。

开口驳起浮古船,即在开口驳左右侧月池分别对称布置液压提升系统,利用液压提升设备起浮古船整体后,由开口驳运输至卸船地点。开口驳离开码头前预先完成液压提升系统、锚泊系统、发电机等设备,46套液压提升设备对称布置在开口驳月池边上,每套提升系统由提升油缸、液压提升设备支座平台、提升索等组成。每套提升系统的提升能力不小于350吨,总体提升能力达到17 500吨吊力以上,满足长江口二号古船遗址提升的重量要求。46套提升系统既可以同步提升,也可以单组动作其余锁定,还可以几组动作其余锁定,具有灵活的调整能力。整个提升系统采用计算机集成控制,可实时显示各油缸的受力情况,并针对性地开发了实时重量、重心监控系统。

开口驳进场后整体起浮施工步骤如下:

开口驳到达现场后,按设计锚泊方案在古船现场抛锚布场,抛8点锚并收紧锚缆。开口驳在拖轮的辅助下移位至古船附近预定位置。

在开口驳月池两侧布放橡胶垫,橡胶垫用钢丝绳固定于月池舷侧,避免弧形梁和顶梁与月池的两舷侧碰撞。

开口驳起浮前,除了使用8根锚缆对其固定外,现场2条拖轮分别顶靠开口驳两侧,以确保开口驳在起浮过程中保持平稳。

在开口驳上预先安装液压提升设备支座平台和液压提升系统,启动液压提升设备,下放与提升设备连接的钢丝绳。当钢丝绳端部到达海底时,停止下放。

潜水员下水,将钢丝绳端部的琵琶头与起吊吊梁顶部的吊耳用销轴连接,并在销轴上装好防脱保险。现场两条起重船上的潜水员同时作业,共完成46套提升设备与起吊吊梁的连接。

潜水员在顶梁上安装姿态监控系统,以便观测监控古船起浮时的姿态变化情况。

整体起浮前,开口驳压载到设计水位,收紧提升索,潜水员检查起吊索具最终状态,确保各连接正确、保险完好。

古船起浮离底前,提升索按照逐级加载原则逐步施加拉力,同时对所有弧形梁充气或注水,通过弧形梁预留的小孔向外喷空气或水流,以降低弧形梁的吸附力,减少古船整体抬浮吊力。古船离底后,保证所有油缸同步提升。

逐步提升古船遗址整体,提升过程根据顶梁上的角度传感器确定、调整整体姿态。

当古船遗址与顶梁、弧形梁整体上浮到弧形梁底部与开口驳底部相平位置时,停止提升,对开口驳与古船弧形梁用多根强力尼龙缆和钢丝绳连接固定,使开口驳与古船弧形梁连成一整体,不会发生互相碰撞损伤。

古船遗址起浮后,大马力港拖到达现场,连接拖缆至开口驳上。辅助拖轮及抛锚艇协助开口驳起锚,由开口驳运载古船至指定古船存放点正上方,松放提升索即可卸船。

打捞用开口驳集沉船打捞、运输、进坞、卸载于一体,在沉船打捞时通过驳船上的提升设备即可完成对沉船的整体提升,相对传统的在沉船两侧各使用一条抬浮驳的提升方法,该大月池驳船减少了抬浮驳的投入数量;在沉船提升至大月池内后,拖轮将大月池驳船和沉船整体拖带至船坞内,然后再通过提升设备直接将沉船整体下放至基座上,相对传统的沉船运输和卸载方式,不需要再投入半潜驳进行运输,整个过程无转驳作业,辅助设备投入较少,降低了转驳带来的安全风险,整体作业时间短,工序简单,投入成本较小,安全性较高。

2.4.3 迁移方案比选

双抬浮方案与开口驳起浮方案相比,二者存在以下差异:

双抬浮方案是采用双驳船抬浮的方法将沉船起浮,通过半潜驳转运到运输驳,最后运输驳进入上海船厂旧址船坞。由于是沉船进入上海船厂旧址的1#船坞,坞宽只有36米,市场上很难找到甲板强度和尺寸合适的运输驳,运输驳资源很难锁定。

很难提前锁定两条合适的抬浮驳、一条半潜驳以及一条运输驳等资源。而建造专用打捞开口驳,无需担心船舶资源难提前锁定的问题。

专用开口驳起浮方法类似于库尔斯克号核潜艇打捞的起浮方法,本项目沉船起浮可以很好地借鉴库尔斯克号核潜艇成功打捞的起浮经验。

除上述以外,开口驳具有以下创新点:

打捞用开口驳船包括驳船作业平台、可拆卸箱体、提升设备、支架、导向轮、可充气式防撞气囊。

驳船作业平台中部垂向贯通的大月池可满足将整个被捞物放入大月池范围内的需求,且可携带被捞物进行航行运输。

可拆卸箱体与驳船作业平台通过插销配合连接和拆卸,可实现船体结构的分离,使大月池成为一端开放的空间,便于被捞物的卸载。

可充气式防撞气囊通过充气填充在被捞物与大月池侧壁之间,保证被捞物与船体之间保持稳定,保护被捞物不与船体发生碰撞损坏。

实现了仅通过1艘大月池驳船完成沉船整体打捞提升、运输、进坞、卸载的任务。

综上所述,上海打捞局经过方案研讨、专家评审后,确定开口驳方案比双驳船抬浮方案更优,最终选用开口驳方案,并建造了专用打捞开口驳"奋力"轮进行古船起浮、运输作业。

2.5 总 结

本项目的性质为沉船遗址的整体搬迁,包括船体本身、船载文物以及遗址原生堆积。考古学上,三者为密切相关的整体,尤其是遗址的原生堆积中,保存了大量的历史和自然环境信息,必须妥善保存。前期方案研究中,上海打捞局按照上海市文物局的总体要求,从保护古沉船的安全性、完整性和原生性角度出发,分别提出了三种整体打捞和两种古船运输上岸方案。在整体打捞方案比选中,项目组针对施工工期、施工效率、安全风险、创新应用等几个方面分别对三个方案进行了综合对比,并且根据专家要求分别进行了两次缩尺模型试验和一次施工现场附近海上等比例试验(详见第三章)。在经过四轮专家组评审后,专家一致认为弧形梁方案最优,满足对文物原

梁分节顶进至最终闭合并起吊出水面全过程的试验工况,获得了单弧形梁单次推进及多弧形梁连续推进下顶推力的动态变化,明确了影响顶推力大小的关键因素,验证了弧形梁方案可行性。2021年10月8日,交通运输部上海打捞局开展了第二次长江口二号弧形梁连续推进缩尺模型试验,获得了不同位置弧形梁连续推进顶推力的动态变化,明确了影响顶推力大小的关键因素,并校验了当前锁扣设计的合理性,获得了不同位置弧形梁顶进过程中水土压力的变化以及船体的位移情况,明确了船体在顶进过程中的运动情况。

为了检验长江口二号古船打捞弧形梁系统装置的制造加工质量和设备性能,进一步验证弧形梁打捞方案的可行性,上海打捞局决定在古船附近水域进行弧形梁打捞方案等比例试验。2021年12月23日,在古船现场附近约1海里的位置开展了等比例试验,试验计划安装三根实际尺寸弧形梁并整体起吊。2022年1月26日,等比例试验装置整体起吊出水至驳船,标志着长江口二号古船整体迁移项目等比例试验圆满完成。

2022年1月27日,上海市文旅局在长江口二号古船整体迁移等比例试验的基础上,组织专家对古船整体迁移方案进行了论证,与会专家一致认为长江口二号古船整体迁移方案科学合理,经济安全,并建议尽快对长江口二号古船实施整体迁移。

本章主要介绍弧形梁方案的1∶10模型试验以及等比例试验,对确定弧形梁方案可行性起到了关键作用。

3.2 缩尺模型试验

3.2.1 试验目的

弧形梁在推进过程中需要突破上下弧面及两侧土体的阻力,同时还需平衡刀盘前方的水土压力,为指导弧形梁牵引装置的设计,需要确定可能的最大顶推力。由于打捞现场地层条件复杂,主要为饱和软土地层,水下小曲率半径曲线弧形梁推进对地层的扰动效应未知,顶进过程中地层与弧形梁结构相互作用动态变化,现有理论很难全面描述弧形梁推进过程中的各类不确定性,故在进行现场顶进试验前,应先行进行1∶10缩尺全过程模拟顶进试验,验证本项目弧形梁方案的可行性,测得全过程顶进顶力,并与理论计算结果及数值模拟结果对比,为现场顶进试验设计提供依据。

缩尺模型试验目的如下:

通过1∶10缩尺全过程模拟顶进试验,验证弧形梁方案可行性;

测量顶进过程中的全过程顶进力,形成顶进力变化曲线;

测量模型整体起吊时受力变化情况;

检验整体密封性;

为后续1∶1等比例弧形梁设计、制造、顶进试验及详细方案设计与实际施工提供参数指导。

3.2.2　试验装置

试验装置包含一套顶梁、顶进发射架、五根弧形梁，顶梁框架尺寸为1.85米×1.2米×0.1米，可顶进5根弧形梁，每根弧形梁尺寸为1.7米×0.2米×0.1米。顶梁分为中框架、边框架、端板、支撑架四个部分（图3.2.1）。中框架和边框架共同组成了弧形梁的始发端及接收端，中间有将弧形梁与之固定的销轴孔，上部有固定顶进发射架的螺纹孔，中框架外侧、两端及边框架内侧、两端均为精加工面以保证其精度。端板为箱

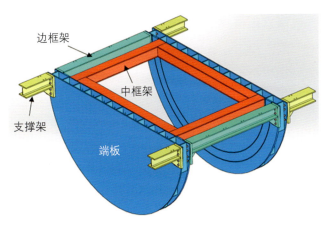

图3.2.1　顶梁框架总装图

型结构，厚度10厘米，其内侧为机加工面，并设有T型导向槽，与弧形梁两侧的导向槽匹配；支撑架用于将顶梁和外侧土箱固定，以保持顶梁的位置在顶进试验中不会发生偏移（图3.2.2）。

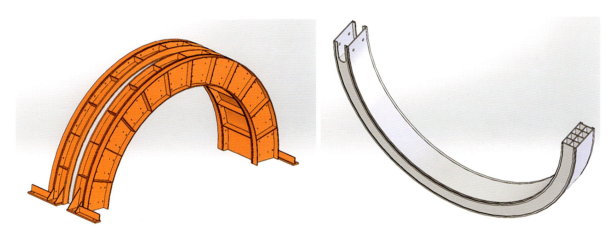

图3.2.2　发射架和弧形梁

3.2.3　第一次模型试验过程

第一次模型试验在1.5米×2.0米×1.8米土箱内进行，土箱内的填土为沉船现场取样的铁板砂，铁板砂埋深至1.45米，并加水至淹没土体，试验过程中保持水面高于土体表面以模拟现场水土环境。试验分两步走，首先进行单根弧形梁顶推试验，验证试验装置的合理性并为后续五根弧形梁连续推进驱动装置设计及推进参数设置提供参考依据，具体验试流程如下：

1. 单根弧形梁顶进试验

为了获得缩尺弧形梁顶进参数，全面了解顶进过程中可能遇到的问题，从而验证试验装置的可靠性，为后续五根弧形梁连续顶进试验提供顶推力设计指导，交通运输部上海打捞局先行开展

了单根弧形梁顶进试验。将弧形梁与导向架连接并整体吊装至模型土箱上部,通过螺栓将导向架与设置于模型土箱上部的横梁锚固连接,确保推进全过程中导向架的稳定性。通过拉索牵引弧形梁逐步顶进土中,同步监测拉索拉力,测算顶推力。

2. 五根弧形梁连续顶进试验

在单根推进试验的基础上,为了模拟现场连续推进前后序弧形梁的相互作用,检验锁扣连接的可靠性及连续推进挤土效应下顶推力的变化,交通运输部上海打捞局开展了五根弧形梁连续顶进试验。试验先行将顶梁及端板压入土体,记录压入的最大压力,压入时可适当用水冲洗端板下部,随后将支撑架与土箱连接固定。安装顶进发射架并依次顶入弧形梁,顶进过程中实时测量全过程顶进顶力。顶进完成后将弧形梁与顶梁采用销轴连接,依次顶进3根弧形梁,再顶进另外一侧端板位置弧形梁,最后顶进封闭弧形梁,形成完整托盘后最后整体起吊,检查锁扣的变形情况并检验装置整体密封性能(图3.2.3)。

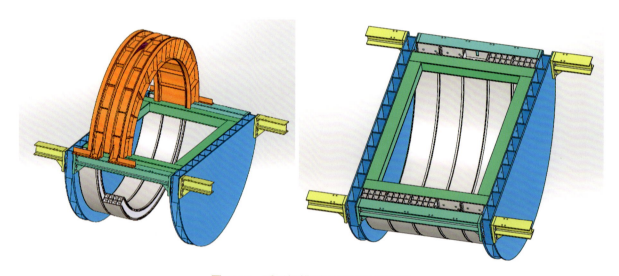

图3.2.3 弧形梁模型连续顶进示意图

(1)单根弧形梁顶推模型试验

2021年1月20日晚进行了首次单根弧形梁顶进模型试验。模型箱尺寸为1.8 m×1.1 m×0.9 m,弧形梁及导向架模型如图3.2.4所示,模型弧形梁和内外弧面导向架间设置了滚珠减摩,两侧也同步设置滚轮减小推进摩阻力。在导向架一侧焊接。原先机头采用栅格式设计,为增加顶推挤土作用后又更改为锥形机头,机头后方面板开2小孔用于安装清水冲刷管路和吸泥管路避免机头积土形成土塞,降低端部土体抗力。将现场所取铁板砂分层浇筑于模型箱至指定高度,填充完毕后加水饱和并固结直至试验开始。

将模型弧形梁及导向架通过起吊装置吊装至模型箱上方(图3.2.5),将其端部与模型箱顶部设置的钢横梁焊接锚固,确保弧形梁及导向架稳固定位。

正式顶推开始前,进行进水系统和排泥系统的调试,确定最优的进水流量和排泥流量,确保土舱内进出流量的平衡,避免进水量过大溢流或出泥量过小导致舱内积土。同时开启驱动电机

图3.2.4　模型弧形梁机及导向架

图3.2.5　模型箱吊装及土体表面

调整至小档位正转和反转检查弧形梁沿齿轮移动的畅通性（图3.2.6）。上述准备工作完成后,进行正式顶推试验,通过设置在导向架一侧的拉索拉动模型弧形梁缓慢顶进土中,拉索拉力由测力计采集。通过调整拉索拉力,实现弧形梁的缓慢顶进（如图3.2.7所示）。推进过程中,通过观察

图3.2.6　弧形梁及导向架安装就位完成

图3.2.7　弧形梁顶推

土体表面溢流情况及出泥管的出泥情况，动态调整进水泵及出泥泵压力，确保弧形梁机头端部进出流量平衡。弧形梁顶进至入土约145°时，弧形梁脱出导向架，试验停止。如图3.2.7所示，此时另一端土体表面已发生了明显的劈裂破坏。

（2）五根弧形梁连续顶推试验

2021年2月8日开展了五根弧形梁连续顶进试验。针对上述单根试验存在的弧形梁加工精度不够表面粗糙、机头挤土效应过大及加载方式容易造成弧形梁顶偏等问题，本次试验对弧形梁进行了精加工，弧形梁表面光滑减小了摩擦阻力（图3.2.8），增加了阴阳榫锁扣构造，采用进水管和出水管与水平呈45°对冲的形式提高冲刷效果，在弧形梁末端垂直表面焊接一牵拉杆，牵拉杆连接铰链，为保证铰链在牵拉过程中牵拉角度不变，在导向架上焊接一滑轮，铰链穿过滑轮与手拉葫芦连接（图3.2.8），在拉索上安装拉力传感器，传感器与微机相连用于实时采集牵引力数据。

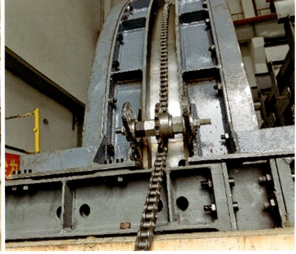

图3.2.8　精加工后弧形梁及牵拉索

　　第一根弧形梁顶进过程总体较为平缓，在顶进角度约为120°时靠近接收段附近地面出现了微裂缝，但未发现明显的隆起现象；随着弧形梁的继续顶进，裂缝宽度和数量增加，并逐渐连通，地表出现了明显的隆起现象；顶进结束后地表出现了较宽裂缝，且表面积水通过裂缝进入地层深部导致靠近接收端的地表较为干燥；顶推到位后，移除导向架可以看到机头位置呈现有倒梯形的土锥，由此可见虽然已对装置做了精心改造，但由于刀盘的缺失及泥水泵的功率问题，还存在一定的挤土效应，特别是过了90°之后，挤土作用可能已经造成了土体的穿刺破坏，形成了明显的剪切带，而后顶推力除了要克服弧形梁自身与土体的摩擦外，还需承担破坏区域土体的松动压力及破坏带的剪切力作用。随着顶推弧形梁的增加，挤土效应越发明显，最后一节弧形梁顶进后接收端附近地表土的体隆起高度接近外框架表面，约为10厘米（图3.2.9、图3.2.10）。

图3.2.9　弧形梁安装就位整体示意图

图3.2.10　弧形梁顶进接收端附近地层变形情况

（3）整体起吊

如图3.2.11所示，试验结束后，移除导向架，利用吊机整体起吊模型框架，吊机峰值起吊力4.58吨，包括外框架+弧形梁总重+弧形梁托盘中的土+吸附力四部分，而最后稳定时起吊力为3.16吨，故克服的托盘底部水土吸附力约为1.42吨。

3.2.4　第一次模型试验成果

上海打捞局长江口二号项目组组织开展了弧形梁方案单根单次推进和五根连续推进1∶10缩尺模型试验，并完成了模拟真实场景弧形梁底部托盘分节顶进至最终闭合并起吊出水面全过程的试验工况，获得了单弧形梁单次推进及多弧形梁连续推进下顶推力的动态变化，明确了影响顶推力大小的关键因素，并校验了当前锁扣设计的合理性。主要结论如下：

图3.2.11　模型框架整体起吊

单根单次推进模型试验推算，足尺单节弧形梁顶进的最大顶推力除个别时刻达到2 130 kN，大于理论计算和数值模拟结果外，其余时刻顶推力均小于2 000 kN。五根连续推进试验除靠近两头端板的弧形梁外，连续推进中间3根弧形梁的顶推力与单根推进的变化趋势和力的大小都较为接近，最大顶推力均小于2 000 N，峰值顶推力发生在约120°—180°间。由模型试验换算的单根足尺顶推力结果整体趋势和数值与理论计算接近，可认为是包络在以假设弧形梁与地层接触为剪切破坏得到的理论解为上限，数值模拟得到的静态顶推数值为下限的范围内（图3.2.12、图3.2.13）。

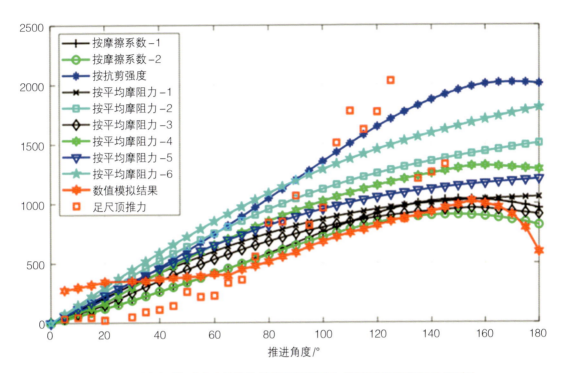

图3.2.12　单根梁模型试验结果换算足尺顶推力与理论及数值模拟结果对比

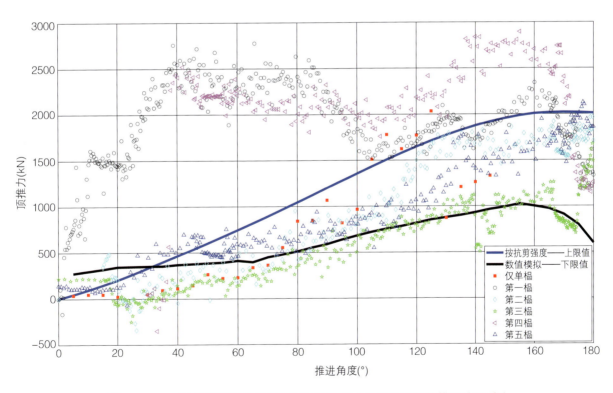

图3.2.13　五根梁模型试验结果换算足尺顶推力与理论及数值模拟结果对比

虽然模型试验弧形梁机头做了一定改进,但仍存在一定的挤土效应,使得弧形梁顶进时需要额外克服前方剪切破坏区域的土体阻力,这可能导致试验获得的顶推力较大。

试验过程中,各个弧形梁锁扣处连接情况较好,弧形梁锁扣间隙小于2 mm,且端面平整,起吊过程中闭水性能良好,由此可见本方案弧形梁推进姿态具有良好的可控性。

试验结束后利用起吊机整体起吊框架,起吊机峰值起吊力4.58吨,稳定起吊力约为3.16吨,故克服的托盘底部水土吸附力约为1.42吨,说明底部有较大的水土吸附力,具体数值需要重点计算予以考虑,以便用于指导最终的起吊装置设计。

总体而言,试验结果表明采用小曲率半径曲线矩形弧形梁顶进生成底部托盘支撑沉船打捞的方法是可行且可控的,采用现有方案能够实现弧形梁的稳定推进。试验过程和结果同时也反映出实际施工中需要注意以下几点:

严格控制弧形梁和导向架的加工精度,做好导轨的设计和加工;

严格控制弧形梁顶进姿态,加强监测避免其与导向架发生严重挤压,甚至脱轨的情况;

确保泥水系统的正常工作,机头前方及时清泥避免土塞的形成,同时需合理确定推进速度,实现二者的协调工作;

现场要确保刀盘的正常工作,避免出现结泥饼的情况,出现该类问题要及时解决,防止出现闷顶导致顶推力过大的情况;

两端端板处弧形梁及最后一根弧形梁推进为工程中的风险控制节点,需要采取一定的措施提高两端端板处弧形梁的定位精度,避免其与端板产生过度摩擦,最后一节弧形梁要根据所剩空间及锁扣间隙进行合理设计和公差控制;

为避免弧形梁偏移和锁扣间隙的累积,可以采用错开跳顶或者反向顶进的方式优化顶进顺序,后续可以结合数值模拟结果对顶推顺序做进一步优化;

针对不同地层条件和施工参数反馈动态调整推进速度,确保弧形梁推进全过程的稳定性。

3.2.5　第二次模型试验改进措施

第一次1:10模型试验因准备时间较为仓促,在装置设计及监测内容上还存在一些不足,为了更好地指导实际顶进装置及弧形梁设计,有必要针对原有问题进行总结,做出相应改进,并开展第二次模型试验。该试验方案也可为后续1:1等比例试验提供参考。

原有试验存在以下问题:

模型箱过小,存在明显的边界效应;

除牵引力外,未做其他项目的监测,无法准确把握曲线顶管推进对地层及沉船的扰动作用;

牵引装置未能始终沿着顶管轴线推进且靠人力拉动,其牵引参数无法获取及精确控制;

机头无刀盘切削导致面板阻力过大且对前方土体扰动较大,产生了明显的挤土效应;

泥水系统不能自动前送,一些时刻无法对开挖面前方的土体进行及时冲刷,也容易产生挤土效应。

改进的模型试验方案如下:

增大模型箱尺寸，使得弧形梁两头距模型箱边界2—3倍弧形梁高度，最外一节弧形梁距模型箱两侧边界2—3倍弧形梁宽度；

增加沉船模型，补充地表变形、内部孔隙水压力计、沉船姿态及弧形梁应力及变形测试；

采用马达驱动，并能动态监测马达驱动力；

在弧形梁前端补充可旋转切割刀盘；

改进泥水循环系统，实现对弧形梁前方土体的及时和有效冲刷。

第二次模型试验在3 m×2 m×3 m土箱内进行，土箱内填土为沉船现场取样的铁板砂，加水至淹没土体，试验过程中保持水面高于土体表面以模拟现场水土环境。初始采用刀盘旋转切割并配以马达驱动。

第二次模型试验先行将顶梁及端板埋入土体，随后将支撑架与土箱连接固定。安装顶进发射架并依次顶入弧形梁，顶进过程中实时测量全过程顶进顶力，并按方案观测模型船的位置。顶进完成后将弧形梁与顶梁采用销轴连接，依次顶进5根弧形梁，最后顶进封闭弧形梁，形成完整托盘后最后整体起吊，检查锁扣的变形情况并检验装置的整体密封性能和推进轴线偏差。

3.2.6　第二次模型试验结果及建议

2021年10月8日，交通运输部上海打捞局开展了第二次长江口二号弧形梁连续推进缩尺模型试验，获得了不同位置弧形梁连续推进顶推力的动态变化，明确了影响顶推力大小的关键因素，并校验了当前锁扣设计的合理性；获得了不同位置弧形梁顶进过程中水土压力的变化以及船体的位移，明确了船体在顶进过程中的运动情况（图3.2.14）。主要结论如下：

弧形梁1—3推进力趋势基本相同，与理论解趋势也大体一致，在120°—130°达到顶推力峰值。弧形梁4—5与其他弧形梁数值差异较大，主要原因是弧形梁4存在初始结构缺陷。顶推力最大值约在2 500 kN—3 000 kN。顶进结束时，总顶进力仍较大，说明顶进快结束时，侧摩阻力为

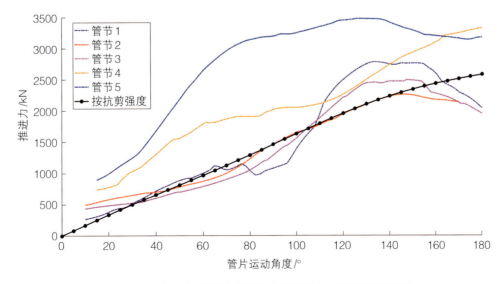

图3.2.14　第二次模型试验顶推力随推进角度变化试验结果

主导,而非迎面阻力。实际工程中可采用施加减摩泥浆的方法来降低侧摩阻力。

因为无法使用刀盘,顶进过程只能通过挤土完成,存在一定的挤土效应,使得弧形梁顶进时需要额外克服前方剪切破坏区域的土体阻力,导致试验获得的顶推力较大。

试验过程中,各个弧形梁锁扣处连接情况较好,弧形梁锁扣间隙小于 2 mm,且端面平整,起吊过程中闭水性能良好,由此可见本方案弧形梁推进姿态具有良好的可控性。

作用在船体上的压力主要在第一根弧形梁顶进时变化较大,其余阶段内整体变化不大;孔隙水压力在每根弧形梁顶进过程中多数呈周期规律性变化;船体随弧形梁顶进会产生一定的平动和旋转,每根弧形梁顶进后相对旋转角度在2度左右。

总体而言,试验结果表明采用弧形梁方案可行,现有方案能够实现顶管的稳定推进。试验过程和结果同时也反映出实际施工中需要:

严格控制弧形梁和导向架的加工精度,做好导轨的设计和加工;

严格控制弧形梁顶进姿态,加强监测避免其与导向架发生严重挤压,甚至脱轨的情况;

确保泥水系统的正常工作,机头前方及时清泥避免土塞的形成,同时需合理确定推进速度,实现二者的协调工作;

现场要确保刀盘的正常工作,避免出现结泥饼的情况,出现该类问题要及时解决,防止出现闷顶导致顶推力过大的情况;

两端端板处弧形梁及最后一根弧形梁推进为工程中的风险控制节点,需要采取一定的措施提高两端端板处弧形梁的定位精度,避免其与端板产生过度摩擦,最后一节弧形梁要根据所剩空间及锁扣间隙进行动态设计或改造;

为避免弧形梁偏移和锁扣间隙的累积,可以采用错开跳顶或者反向顶进的方式优化顶进顺序,后续可以结合数值模拟结果对顶推顺序做进一步优化;

针对不同地层条件和施工参数反馈动态调整推进速度,确保顶管推进全过程的稳定性。

推进结束时摩擦力影响较大,可以进一步降低弧形梁间的摩擦力;

第一节弧形梁顶进时为对船体作用的关键节点,建议重点关注、加强监测,防止船体短时间内位移、变形过大导致船体发生破坏;建议控制好顶管顶进的姿态和速度,确保挤土效应在可控范围内,防止对船体的位置和完整性产生较大影响。

更多定量化的结论可根据后续1∶1等比例顶推试验来确定。

3.3　等比例海上试验

3.3.1　试验目的

由于1∶10模型试验与实际结果存在一定的误差,特别是弧形梁系统结构制造、施工现场环境、泥质等因素很难通过缩尺模型试验验证。为了真实检验长江口二号沉船打捞弧形梁系统装置的制造加工质量和设备性能、在现场环境下弧形梁顶推力及其变化趋势、泥水管路与通信系统功能、变形监测系统可靠性等,项目组决定在古船附近水域进行弧形梁打捞方案等比例试验。通过在古船现场附近进行实际尺寸的弧形梁顶穿试验,以检验弧形梁方案的可行性、可靠性和安全性,总结设计和施工经验,为长江口二号古船整体打捞做好充分准备。

3.3.2 试验现场选址

根据沉船附近区域的历年扫测数据,试验位置选择在沉船位置附近且泥质与沉船位置相同的区域,上海市文物局与上海打捞局项目组最终确定试验位置选在长江口二号沉船位置东南1海里处,位置坐标为:31°20′02.826″N,122°04′30″E(图3.3.1)。

图3.3.1 等比例海试试验选址

大马力拖轮拖带"大力号"抵达预定位置后,拖轮辅助抛出8只锚完成抛锚布场,并固定船尾,通过小锚拖扫选择海平面较为平坦且周围无渔网、块石等障碍物影响的位置作为试验位置。

3.3.3 打捞装置制造

打捞装置主要包括2块端板、4根顶梁、3根弧形梁、1套发射架以及其他附属结构,端板、顶梁、弧形梁、发射架等都需要进行机加工后进行组装才能达到设计精度要求。并且组装完成后需进行穿梁陆地模拟试验,以验证穿梁效果。

1.端板制造

每块端板结构为长19、高9米的倒梯形结构,钢结构重量约120吨,端板一侧设有半径7.5米及半径8.5米的半圆形机加工锁扣槽。由于其高精度要求,为防止变形,其机加工面需要一体成型,所以需在上核工作直径达20米的立车上进行机加工(图3.3.2)。

图3.3.2　端板完成机加工

2. 弧形梁制造

本次等比例试验共制造3根弧形梁，每根弧形梁为内径7.5、外径8.5、厚度2米的半环形结构，其中2根弧形梁（A梁）一侧布设公锁扣，一侧布设母锁扣，另1根弧形梁（B梁）两侧均为公锁扣，通过公母锁扣使得端板与弧形梁及弧形梁与弧形梁之间扣合，通过此设计做到打捞装置"滴水不漏"（图3.3.3、图3.3.4）。

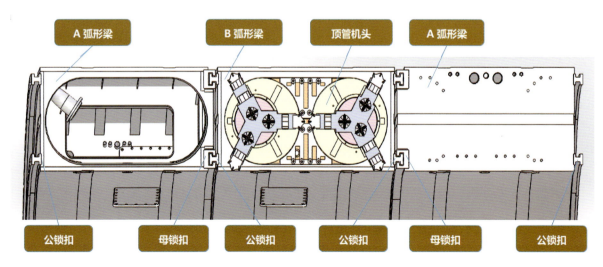

图3.3.3　三根弧形梁锁扣连接示意图

图3.3.4　弧形梁进行机加工

3. 发射架制造

发射架是弧形梁的发射装置，为内径7、外径9米的空心腔体结构，内设坦克链及后推进装置，液压系统驱动后推进顶推弧形梁沿着导轮在发射架内进行推进，达到穿梁的目的(图3.3.5、图3.3.6、图3.3.7)。

图3.3.5　发射架吊装上立车

图3.3.6　发射架片体组装

图3.3.7　发射架（预装1弧形梁）运输图

4. 整体组装

由于端板纵梁结构尺寸大、质量重且组装精度要求高等特点,因此对组装要求比较高,为了海上试验能顺利完成,组装须满足设计精度要求,组装完成后还需要与发射架进行试装,以验证组装后系统结构精度和联动效果(图3.3.8、图3.3.9、图3.3.10)。

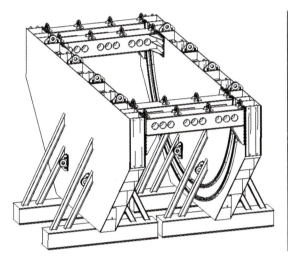

图3.3.8　组装设计方案示意图

图3.3.9　端板精度测量

图3.3.10　发射架试装

表3-1是各结构制造及装配时间统计。

表3-1　端板纵梁发射架制造统计表

序　号	名　　称		制造（天）	机加工（天）	装配（天）	总时间（天）
1	端板+顶梁	端板	31	13	18	62
2		顶梁	25	4		
3		起吊梁		0		
4	发射架	侧板	34	17	21	82
5		弧板	35	9		

3.3.4　海上试验程序

1. 前期准备工作

由于海上试验现场条件受限，为避免弧形梁系统等设备构件返厂运输的大量工期损失，弧形梁顶推系统制造加工完成后，需在装船运输前进行弧形梁系统组装、联调试验，发现问题及时采取措施解决，为弧形梁水下穿梁做好准备。本次等比例试验弧形梁系统包含：端板—顶梁组合框架1套、导向机架（含推进装置）1套、弧形梁3根、机头1套、起吊梁8只、弧形梁—顶梁插销12只、起吊梁—顶梁插销16只（图3.3.11）。具体清单如下（表3-2）：

表3-2　弧形梁等比例试验装置构件清单

序号	名　　称	数量	单重（吨）	总重（吨）	备　　注
1	端板与顶梁框架	1	290	290	包括2块端板、4根顶梁、舱盖板等
2	导向机架	1	152	152	
3	弧形梁（A型）	2	65.3	130.6	含锁扣
4	弧形梁（B型）	1	61.6	61.6	含锁扣
5	机头	1	5.74	5.74	
6	推进装置1	1	5.88	5.88	MSE05液压马达推进装置
7	推进装置2	1	2.57	2.57	MSE125液压马达推进装置
8	起吊小吊梁	8	2.64	21.12	
9	弧形梁—顶梁连接插销	12	0.42	504	
10	起吊梁—顶梁连接插销	16	0.06	0.96	

顶梁分为外梁和内梁两个部分,共4根,其中外梁和内梁分别有2根,外梁尺寸为6 280毫米×1 010毫米×2 300毫米,内梁尺寸为6 280毫米×1 000毫米×2 200毫米,内梁和外梁共同组成了弧形梁的始发端及接收端。顶梁中间有将弧形梁与之固定的插销孔,上部有固定顶进导向机架的插销孔。

端板尺寸为19 000毫米×8 500毫米×1 050毫米,端板内侧装有锁扣,设有T型导向槽,与弧形梁两侧的锁扣凸台匹配。

发射架尺寸为18 700毫米×3 520毫米×9 000毫米,外弧半径为8 960毫米,内弧半径为7 030毫米。导向机架内布置齿轮和齿条,每22.5°布置一段齿条(即每45°由两根齿条组成),齿条于两侧均布。导向轮每5°进行布置,位于弧形梁的上下左右面,上下侧各2个、左右侧各1个,即一个位置布置6个导向轮,共计216个。

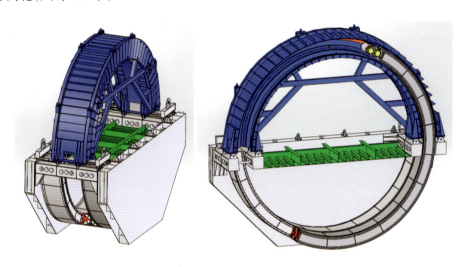

图3.3.11 弧形梁等比例试验装置示意图

弧形梁在整体尺寸上均为外弧半径8 505、内弧半径7 495毫米,但三根弧形梁的锁扣形式存在部分区别,如图3.3.12所示。其中1根弧形梁B型两侧均为公锁扣,另外两根为A型一边为公锁扣,一边为母锁扣。

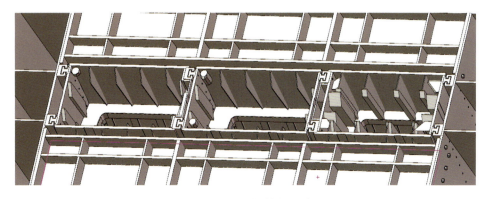

图3.3.12 弧形梁锁扣形式图

机头采用行星双刀盘模式,通过行星驱动可使得刀盘最终的切削断面为 2 m × 1 m 的方形断面,每个刀盘由 3 个 MSE05 液压马达提供动力,机头形式如图 3.3.13 所示。

本次海试驱动装置包括两组驱动,一组驱动装置是由 4 个 MSE05 液压马达(每个马达提供 50 吨驱动力)、4 个配套减速器、4 个传动齿轮、MSE05 马达推进装置壳体组成,可提供 200 吨推进力;另一组驱动装置由 4 个 MSE125 液压马达、4 个传动齿轮和 MSE125 马达推进装置壳体组成,可提供 100 吨推进力;故两套驱动装置共可提供 300 吨推进力(图 3.3.14)。

MSE05 马达推进装置与弧形梁尾部采用螺柱连接,需施加预紧力,MSE125 马达推进装置与 MSE05 马达推进装置之间采用螺栓连接。

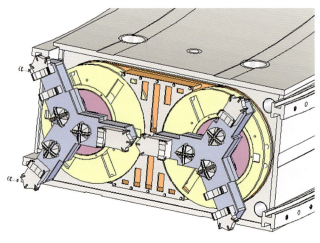

图 3.3.13　机头示意图

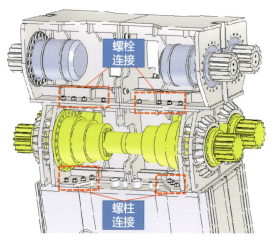

图 3.3.14　驱动装置示意图

2. 船舶动员

5 000 HP 拖轮拖"大力号"到达上海外高桥码头后,在外高桥码头将发电机、1 500 潜水设备、定位设备、空压机等吊放至"大力号"预定位置,连接调试完成后,拖轮将"大力号"拖至横沙码头装其他物资。

"大力号"到达横沙码头后,在横沙码头抛锚布场,潜水员在码头内侧河道探摸水泥压块位置,将两块 80 吨水泥压块吊至甲板预定位置,再将舱盖板吊至甲板上,绑扎固定后,"大力号"在横沙基地码头待命。

顶梁—端板装配完成后,运输车将顶梁—端板整体运送至上海电气临港码头,由码头吊机将顶梁—端板整体吊至运输船"神洋 66"甲板的预定位置;"神洋 66"开航前往横沙基地码头,再将顶梁—端板整体吊装至"大力号"甲板预定位置。

根据发射架及弧形梁定位图,在"大力号"甲板上铺放钢板并垫平,用于后续发射架和弧形梁的安装,切除多余支撑梁,将防沉板(舱口盖)装在顶梁—端板上方,并焊接固定成一整体。在端板上焊接潜水泵框架,连接潜水泵及管路并完成调试。连接倾角测量仪,渣浆泵、潜水泵等电缆,并连至控制柜完成调试,在电缆需要切断的位置用硫化胶或环氧树脂预先进行处理。对上船设备材料绑扎固定,人员上船后,进行安全技术交底,之后"大力号"前往施工现场。

3. 发射架试装

2021年12月30日发射架从"神洋66"甲板倒驳至"大力号"甲板设计位置,放置到位后对发射架绑扎固定,并开始在甲板上进行发射架试装准备工作。施工人员完成泥水管路、电缆、距离传感器等连接后,2022年1月1日22:00发射架被吊装至端板上方进行定位、下放、插销、对锁扣等工序的首次联合调试,如图3.3.15所示。

图3.3.15 发射架及A1弧形梁试装

发射架试装过程中,发现以下问题需进行改进:

（1）发射架定位导向效果差。发射架下放至端板时,由于设计的导向柱高度较低、米斗尺寸较小,发射架两侧导向孔定位导向柱的效果不明显,水下定位难度增加。

（2）插销孔、吊耳无法对齐。导向机架插销液压油缸启动后插销无法对位顶梁吊耳;

（3）发射架定位难。发射架试装为"大力号"单钩起吊,由于机头伸出较多,整体重心偏向机头方向,导致发射架下放时机头端先到达端板顶梁位置并到位,坦克链端后下放到位,上述过程在试装时耗时较长,分析认为水下无法达到发射架自行定位的要求,需针对该问题继续改造。

针对上述情况,经项目组会议讨论后提出如下改进措施:

（1）加强、加长顶梁导向柱。对导向柱尺寸加大,结构增强,高度增加,导向米斗尺寸相应加大;

（2）端板顶梁吊耳镗孔。增大顶梁吊耳圆孔直径,使液压油缸插销能够顺利顶入吊耳;

（3）发射架工装。考虑到发射架下放时,机头所在端先行到位,后放置坦克链端,因此在端板顶梁处设置V型钢板限位,发射架机头端工装圆管,当机头端下放到位时圆管落在V型限位中并以此为旋转轴,使坦克链端下放时不出现位置偏差。

根据以上方法,对发射架试装进行改造,改造完成后于2022年1月7日完成第二次试装,发射架起吊至端板A1、A2、B弧形梁位置试装无问题后,即准备进行水下安装试验。

4.端板第一次沉放

端板下放前进行了设备联调,包括倾角传感器、光线测量设备、定位系统设备、潜水渣浆泵、潜水泵等设备的检查调试,甲板作业人员将潜水渣浆泵电缆、光纤、倾角传感器等管线捆扎在一起,以避免下水过程中管线受损。端板—顶梁框架四端分别安装4个水压传感器,水下再安装一个水压传感器,用以判断和调整水下顶梁深度。内、外纵梁上预安装的8只起吊梁作为吊放的吊点,采用吊梁连接吊索完成整体起吊,防止顶梁和吊点因受水平压力变形。

吊机吊放端板—顶梁组合体入水前连接2根稳索钢丝,起吊前拆除端板绑扎连接,开始起吊后吊机暂停提升,利用光纤传感器监测端板下水前的变形数据。吊放过程中,检查潜水渣浆泵和潜水泵的电缆受力状态并采用钢丝绳作为加强绳等相应保护措施防止电缆受损,用牵引钩吊起电缆、传感器等捆扎好的管线,辅助管线下水。入水后开启端板内的潜水渣浆泵及潜水泵,观察泥水管路的出泥情况,初步判断潜水渣浆泵的作业效果,如下图所示。

2022年1月9日02:00端板下放入水,借助12台潜水渣浆泵搅拌、4台水泵喷冲以及端板自重等共同作用,03:02端板开始下放入泥,在入泥过程中由于倾角传感器数值变化趋大,反复调整吊机吊力和吊高以控制端板下沉姿态,并记录端板下放期间各传感器显示数据以及吊机吊力等数据,至10日00:00端板下放1.7米。由于端板下放速度较慢且潜水渣浆泵抽泥效果不明显,10日01:00端板提升一定高度,关泵暂停下沉,人员潜水作业探摸端板情况,并清理喷嘴堵塞的淤泥,潜水员到沟底取样以分析土层土质情况,完成潜水作业后开泵继续下沉,直至入泥4.3米后由于天气原因暂停端板沉放并回收至甲板。此过程中端板下沉速度缓慢,沉放速度仅为0.1—0.2米/时。下放端板过程中整体向内侧端板倾斜,造成外侧端板入泥深度比内侧端板浅,初始倾斜角度1.4°,最大倾角约3.8°,经潜水探摸检查,发现外侧端板冲水管路堵塞较为严重。

图 3.3.16　端板沉放

　　经潜水探摸取样,试验位置海床表层约 2.6 米以浅为铁板沙层,硬度较大,黏性较低;试验位置海床表层约 2.6 米以深为清灰泥层,硬度较小,黏性较高。

　　5. 端板第二次沉放

　　2022 年 1 月 11 日至 12 日,利用大风天气时间测试 4 台潜水泵,发现 2 台潜水泵(02# 和 04#)接线反向,纠正 2 台潜水泵转向后,又在外侧端板增加了 1 台 19 千瓦的潜水泵(05#),以改善外侧端板的冲水效果(图 3.3.17)。

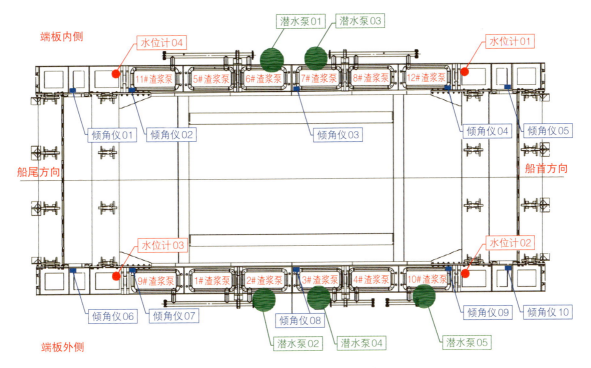

图 3.3.17　端板潜水泵及渣浆泵编号

2022年1月13日,船位向船首方向平移6米,端板第二次下放至水中,位置与原沟槽重叠2米。13日17:11,端板底部入泥,至21:32时历时4小时21分钟,下放至入泥3.7米深,平均入泥速度在0.86米/时,下放端板过程中整体向内侧端板倾斜,初始倾斜角度1.4°,最大倾斜角度1.79°。第二次沉放端板时,潜水泵冲水效果比第一次好,入泥速度也较第一次快,说明水泵数量增加以及两台水泵转向纠正后喷冲效果显著。在端板入泥期间,4#潜水渣浆泵被淤泥阻塞关停(图3.3.18、图3.3.19)。

图3.3.18　端板沉放冲水图

图3.3.19　4#渣浆泵阻塞(其中大量淤泥已脱落)

13日21:32—22:05时,端板离底1.4米,船位向船尾方向平移4米,端板沿沟槽平移4米,使端板位于沟槽中间,在移船过程中7#渣浆泵损坏。13日22:05—23:55时,端板下放至入泥4米(还差3.5米沉放到设计位置),历时1小时50分钟,平均入泥速度在2.24米/时。由于天气原因,端板暂停沉放并回收至甲板。

6. 端板最终沉放

通过端板两次下沉试验,发现目前端板在试验位置区域沉放时,遇到了端板喷冲系统能力不足以及喷冲系统分布不满足实际施工需求的问题。出现以上问题后,现场安排潜水作业,对实际喷冲开沟情况进行了探摸检查。发现沟壁基本呈90°并与端板面紧贴。沟底和沟壁泥质坚硬,手无法插入,最终取沟壁泥样至甲板,泥质不是流动的砂质土而是黏性土,根据经验初步判断不排水抗剪强度在60千帕以上。目前端板喷冲系统未全覆盖,宽度方向有6.6米未覆盖,因此在端板沉放时会造成较大挤压力影响端板下沉(图3.3.20),以上表明端板内置的喷冲系统不能有效冲破现场坚硬泥质。

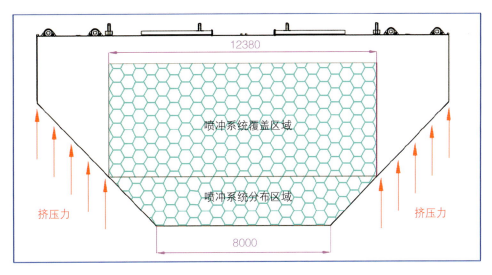

图3.3.20　喷冲系统未覆盖区域挤压力示意图

考虑到气象原因,若增设潜水渣浆泵及端板喷嘴易导致工期推迟,故针对原端板喷冲系统能力不足导致端板下沉受阻的问题,现场也从施工工艺角度上进行考虑,并通过实践找到了实际效果明显的施工工艺,如单端抬撬挤压破土,但该方法频繁操作端板单侧,提高下放,存在端板受力不均变形的风险。因此现场采用以下施工工艺措施,具体步骤如下:

(1)将端板吊放到海床,利用底部喷冲系统开出一个有效长度8、深度4米的梯形沟槽(长边长度12、短边宽度8米);

(2)根据船舶DGPS定位,调整船位,至距离步骤(1)的船位8米处,然后利用端板底部喷冲系统再次开出一个长度12、深度4米的梯形沟槽;

(3)重复步骤(2),再次开出一个有效长度8、深度4米的沟槽;

（4）连开3个有效长度8米沟槽后，然后将端板在此沟槽内沉放（图3.3.21）。在已开出沟槽内沉放端板可一定程度上减小喷冲系统未覆盖区域对端板造成的挤压力。

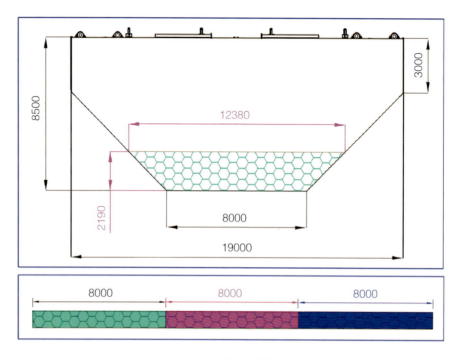

图3.3.21　端板沟槽示意图

采取上述方案，2022年1月14日13:30端板起吊下放，端板下沉期间出现下沉速度变慢、吊机吊力下降较快现象时，减缓端板下放速度。于16:00端板沉放入泥7.2米时，关闭所有水泵及发电机，使端板依靠自重完成下沉，此时倾角0.41°，端板姿态满足设计要求。

7. 发射架及弧形梁安装

在弧形梁的预安装位置均匀布置6个梅花桩并可调节高度。考虑到弧形梁为半圆弧形，弧形梁的安装位置可通过定点圆心加弧形梁半径预先画出整圆，再测量角度进行画线定位，将梅花桩固定在甲板上。2022年1月16日12:30将A2弧形梁倒驳至"大力号"甲板并在梅花桩上就位，割除A2弧形梁中间支撑，并安装倾角传感器、光纤、距离传感器，完成锁扣涂抹黄油（图3.3.22、图3.3.23）。

弧形梁在梅花桩上就位后，在弧形梁尾部装入推进系统，推进系统布置两个推进装置，液压马达推进装置临时外接5根油管，图3.3.24中（a）状态为尚未推进时接入外接油管，启动推进装置将弧形梁推进导向架内达到图（b）状态，最后在达到（c）状态下拆除临时油管，将坦克链内的5根液压管接入推进装置。经过上述流程，完成A2、B弧形梁在甲板上推进发射架的过程。

2022年1月17日00:09发射架起吊下水，如图3.3.25所示，机头入泥约10°后插销孔定位完毕，油缸顺利顶进完成插销。于00:44时开始正式推进，03:02推进角度达到90°，06:38弧形梁顶

图3.3.22　A2弧形梁倒驳

图3.3.23　弧形梁至梅花桩就位

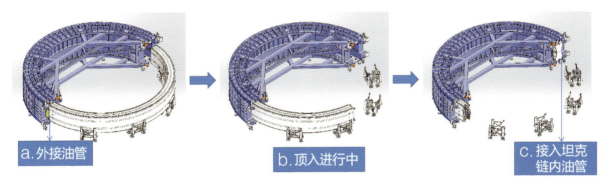

a.外接油管　　　　　b.顶入进行中　　　　　c.接入坦克链内油管

图3.3.24　弧形梁推进过程

进到位。15:00潜水员下水完成弧形梁和发射架的连接，同时拆卸机头，发射架起吊，推进装置回退，但在回退过程中出现异响，经检查发现导向轮螺栓被拉断（图3.3.26），液压油马达漏油严重。

　　现场作业人员进入内部进行系统排查，在发射架内发现3块未精加工的3厘米厚板，其中一块已经发生严重变形，损伤痕迹与齿条痕迹相吻合（图3.3.27），齿条的部分齿尖出现了明显的磨损（图3.3.28），位置在90°左右，这也解释了为何在推进至90°时出现异响。油马达壳体出现变形（图3.3.29），初步推测是掉落的板件卡住了油马达，在推进和

图3.3.25　发射架下水

图 3.3.26　导轮脱落

图 3.3.27　损伤痕迹

齿间损伤

图 3.3.28　齿间损伤

图 3.3.29　油马达变形

回退的作用下油马达出现严重的变形,回退时变形的油马达拉断了导轮。根据观测裂纹推断,损坏板件为弧形梁限位,点焊导致限位不牢固引起其在弧形梁推进过程中的脱离。由于液压马达的损坏位置作业空间狭小,因此采取在原位开设门洞更换MSE125液压马达、同时对磨损齿条进行修正的方法进行了补救。

完成设备检修、更换后,继续弧形梁的安装工作。

2022年1月20日06:11完成A2弧形梁推进至设计位置,完成弧形梁穿梁回收作业后,15:10发射架回收至甲板开始B弧形梁准备工作。1月21日13:38,B弧形梁以每分钟约6厘米速度推进,在21:20完成B弧形梁穿梁。

弧形梁穿梁完成后,须根据潮水情况进行水下拆除作业,具体推进到位后拆除程序如表所示:

序号	发射架水下拆除步骤	示　意　图
1	在弧形梁尾部试插细长轴	
2	以细长轴为导向插入顶梁—弧形梁连接长轴;	
3	顶梁—弧形梁连接长轴到位后,插入挡销,回收吊环螺栓;	
4	后端插销到位后,须至机头处确认刀盘无遮挡吊耳及挡板螺栓后,进入下步拆除工作;若发现遮挡,联系中控室,点动刀盘调整刀盘辐条位置;	

序号	发射架水下拆除步骤	示　意　图
5	拆除推进装置与弧形梁连接处螺母(破拆),共20个;	
6	拆除坦克链与弧形梁尾端连接液压管路的快速接头,共5根;	
7	拆除坦克链与弧形梁尾端连接泥水管路的快速夹拷,共2根;	

续表

序号	发射架水下拆除步骤	示 意 图
8	剪断坦克链与弧形梁尾端连接的所有缆线,共8根传感器线缆、1根潜水泵电缆、2根光纤线;注意:剪断位置在灌胶接头靠近弧形梁一侧;	
9	切换插销油缸油路上的球阀,确保油路控制插销油缸;	

序号	发射架水下拆除步骤	示　意　图
10	试拔出插销油缸（中控室控制，与中控室保证通讯），若遇到拔出卡死，尝试主吊升降调整；	
11	确保所有插销油缸拔出到位后，试起吊导向架0.5米；过程中需观察进坦克链的管路与线缆，以及导向架与顶梁所有的配合结构脱离情况；	
12	起吊导向架，放回至"大力号"甲板；	
13	拆除机头前挡泥板上的固定螺栓，共4只；	
14	固定螺栓拆除完后，移动挡泥板至"缩"位置，并重新安装4只固定螺栓；	
15	若挡泥板无法移动至"缩"状态，割除机头上挡泥板固定的挡块，共6处；	

序号	发射架水下拆除步骤	示　意　图
16	连接吊机与机头上的吊点,试起吊;	
17	机头起吊脱离弧形梁1米后,拆除机头与弧形梁液压管路连接的快速接头,共5根;	
18	拆除机头与弧形梁液压管路连接的传感器缆线,共2根;	
19	机头回收至甲板;	
20	在机头销子孔位试插假轴;	
21	以细长轴为导向插入顶梁—弧形梁连接长轴;	
22	顶梁—弧形梁连接长轴到位后,插入挡销,回收吊环螺栓。	

8. 整体起吊

2022年1月24日沪救18拖带802至现场待命,按照整体起吊程序进行整体起吊准备工作(图3.3.30)。

图 3.3.30　重任802抛锚布场

图 3.3.31　"大力号"整体吊索具起吊挂钩

2022年1月25日完成整体起吊吊索具挂钩及主钩绑钩工作,对2号主钩后吊索具进行重新整理;随后潜水员连接吊索具至整体试验装置起吊小吊梁,完成吊索具的连接工作。

2022年1月26日00:00—08:00"大力号"吊机固定并加配重,做好整体起吊准备工作(图3.3.31);08:00—11:00重任802根据预设位置移船进档至"大力号"尾部;11:00—12:30"大力号"完成整体起吊试验装置并顺利吊放至重任802的马鞍底座上,期间试验装置离底吊力为710吨左右,出水后

　　图3.3.32　整体起吊开始　　　　　图3.3.33　整体起吊出水　　　　　图3.3.34　整体起吊至驳船

最大吊力1 200吨；12:30—15:30 "大力号"吊钩摘钩并排配重压载水，重任802完成试验装置的整体绑扎固定；15:30—24:00重任802、沪救18、"大力号"、神洋66等相关船舶起锚复员至打捞局横沙基地码头（图3.3.32、图3.3.33）。

　　2022年1月27日完成重任802、沪救18、"大力号"、神洋66船舶复员及"大力号"上的设备复员，同时项目组人员复员，顺利完成等比例海上试验（图3.3.34）。

3.3.5　项目方案评审

　　2022年1月27日在上海市历史博物馆西三楼第二会议室，上海市文物局组织专家对长江口二号古船整体迁移项目进行了最后的专家论证，在听取项目组汇报后，经质询和答疑，形成了对长江口二号项目开展的各项意见。经专家讨论一致认为，本次弧形梁方案等比例试验的成功，科学论证了长江口二号古船整体迁移项目弧形梁方案的可行性、可靠性和安全性，收集的大量技术数据为后续整体迁移提供了技术支撑，长江口二号古船整体迁移方案科学合理、经济安全，可以实施。

3.3.6　等比例海试成果

　　本次长江口二号古船等比例试验项目历时33天，圆满完成了端板沉放、三根弧形梁安装及最后试验装置整体起吊等关键工序。

　　本次等比例试验成果如下：

　　完成了端板顶梁装置沉放入泥，下沉深度、端板变形误差、端板顶梁结构倾角误差等均符合设计要求，且下沉过程中状态稳定；

统海上施工运转顺利。

2022年9月6日，长江口二号古船整体迁移工程主作业船"大力号"携弧形梁系统正式启航至现场，根据古船四周定位桩位置进行端板—纵梁组合框架的沉放工作。9月12日，端板—纵梁组合框架沉放至设计位置，满足古船整体性、安全性要求。9月28日，现场完成潜水探摸并记录相关数据，确定了古船整体位置，开始弧形梁安装工作。

2022年11月15日，长江口二号古船整体迁移工程项目组及全体施工人员顺利完成22根弧形梁安装工作，做好了整体迁移的准备工作。自2022年9月6日正式启动古船整体打捞以来，累计下潜892人次，水下作业2 230多小时；克服了季节性气象不佳的影响，施工船组共经历3次台风、8次冷空气袭扰；先后投入"大力号"、"奋力"轮"沪救18""沪救19"等专业打捞船舶，以及辅助工程船舶、甲板驳、交通船共约670艘天，现场作业人员达22 185人天；克服了新冠疫情对海上作业的巨大影响，度过了静默管理、疫情攻坚的艰难时期，并在各方人员的大力支持和理解下，施工团队执行了严格的防疫措施和隔离政策，确保作业周期内无一人感染。此次作业形成的最新打捞工艺，当今世界也前所未有，真正实现了科技创新与水下考古的有机结合，为的就是真正保护好文物，真正体现了中国情怀、中国技术、中国实力。

4.2 施工组织及资源

4.2.1 施工组织架构

交通运输部上海打捞局针对长江口二号古船迁移项目成立了联合项目组，组织架构如下：

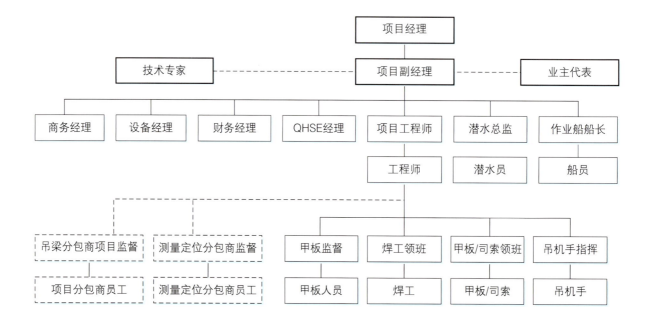

4.2.2 施工资源

1.船舶

表4-1 施工船舶

序号	船 名	型 号	数量	用 途
1	打捞工程母船	大型浮吊	1条	施工作业船
2	起重船	浮吊（吊力不小于100 T，全回转）	1条	前期施工作业船
3	运输驳1	2 000 T 或以上	1条	运输、现场存放材料设备
4	运输驳2	3 000 T 或以上	1条	运输、现场存放材料设备
5	大马力拖轮	4 000 HP 或以上	1条	拖运起浮驳及古船船队
6	港拖	3 600 HP 或以上	1条	拖航；协助"奋力"轮就位及运输
7	辅助拖轮	3 600 HP 或以上	1条	现场守护，拖航，协助"奋力"轮就位及运输
8	抛锚艇		1条	协助现场船舶起抛锚
9	守护船（兼交通艇）		1条	接送人员、材料

2.设备材料

表4-2 施工设备材料

序号	名 称	型 号	数量	用 途
		空潜系统		
1	空潜系统	1500型	2套	水下潜水施工
		定位系统		
2	多波束扫测系统		1套	沉船位置状态调查：沉船区域及周边地形扫测
3	三维地层剖面成像声呐	"海底鹰"三维地层剖面成像声呐	1台	沉船状态勘察：沉船埋藏范围及深度探测
4	DGPS定位系统		1套	施工船舶现场定位
5	全站仪	南方S362	2台	定位桩打桩过程监测 相对位置测量
6	RTK-GPS	Trimble RTK	1台	定位桩位置复测
7	倾斜仪	北微2000	2台	辅助测量定位框架位置
8	水位计	DT100	5台	监测顶梁结构水下姿态、端板入泥深度

4.3.1　资源投入

表4-5　施工设备物资明细

序号	名　　称	数量	备　　注
1	浮吊船（"大力号"）	1艘	2 500吨浮吊船
2	拖轮（沪救18）	1艘	拖航、起抛锚、现场守护
3	交通船（苏常工001）	1艘	人员、设备、物资驳运及现场守护
4	1500潜水系统	1套	配备热水机
5	潜水装具	2套	详见潜水设备物资清单
6	19立方米空压机	1台	配套1.5寸气管
7	30立方米空压机	1台	配套1.5寸气管
8	高压水苗子	1个	配重（20米链条）
9	硬质吸泥管Φ300毫米×12米	1根	配吊索
10	4寸波纹管	60米	20米/根,配快速接头
11	6寸波纹管	60米	20米/根,配快速接头
12	8寸波纹管	60米	20米/根,配快速接头
13	1.5寸气管	100米	25米/根
14	1寸气管	100米	25米/根
15	弯头	3个	配套1.5寸气管
16	漏网筛箱	1套	
17	扁平吊带3吨×3米	14根	
18	吊带20吨×8米	1根	
19	吊带10吨×6米	2根	
20	尼龙绳20毫米×220米	2桶	
21	丙纶绳10毫米	4桶	
22	Ω卸扣25吨	4只	
23	Ω卸扣12吨	10只	
24	Ω卸扣8.5吨	10只	
25	Ω卸扣6吨	10只	
26	Ω卸扣4吨	1只	
27	4寸钢丝	100米	
28	3寸钢丝	200米	
29	2寸钢丝	200米	
30	1寸钢丝	100米	

序号	名　称	数量	备　注
31	5吨×5米收紧带	4根	
32	回收文物框	3个	1米×0.86米×0.8米,4个吊点,配吊索
33	吨袋	50个	
34	脚手架管子	4根	2米/根
35	防雨布	100平方	
36	潜水梯	1把	
37	MSE1000	1套	海底地形及古船扫测
38	多波束测深仪	1台	古船位置状态调查:古船区域及周边地形扫测
39	光纤罗经	1台	
40	声速剖面仪	1台	
41	潮位仪	1台	
42	三维地层剖面成像声呐	1台	古船状态勘察:
43	DGPS	1台	施工船舶表面定位
44	星站差分GNSS	2台	定位辅助框架定位
45	全站仪	2台	相对位置测量
46	倾斜仪	2台	辅助测量定位框架位置
47	超短基线+4个信标	1套	潜水员水下定位
48	流速仪	1台	流速实时监测
49	全向网桥	3台	数据通讯
50	海上导航定位软件	4套	水面、水下综合导航定位及顶梁结构姿态监测等
51	定位辅助框架	2个	辅助古船定位和打桩测量
52	定位桩	4个	
53	翻桩器	1个	辅助翻桩
54	定位桩固定架	1个	辅助定位桩平面定位
55	工作服	若干	
56	安全帽	若干	
57	雨衣	10件	
58	工作鞋	10双	
59	三片式救生衣	30件	
60	帆布手套	200副	
61	棉纱手套	200副	
62	高频	5个	

4.3.2 施工作业情况描述

1. 主要施工流程

根据往年探摸及扫测结果,针对海上整体施工,前期的水下工作为古船边界的确认以及古船型深、埋深情况的确定,同时需要对往年探摸到的障碍物及文物进行探摸并结合实际探摸的情况进行清理及回收;确定古船边界信息后结合端板顶梁的下放位置,对重点区域进行摸排清理;后续配合定位辅助框架的下放以及扫测工作,进一步确定古船的实际位置以及与定位辅助框架的相对位置,以期更好地配合后续整体海上施工工作。

大致作业流程如图4.3.1:

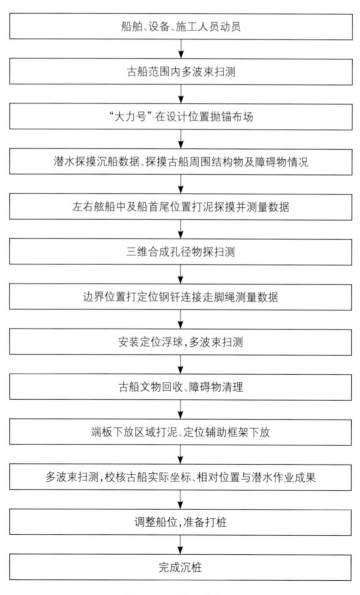

图4.3.1　施工流程图

2. 主要施工流程

（1）多波束扫测

2022年5月22日项目组成员登"大力号"开始作业前的相关前期准备工作，后续5月31日晚定位人员于交通船苏常工001上安装定位设备，并于6月1日对古船及古船周围500米×500米范围内进行多波束扫测。

2022年6月21日，现场初步完成了对古船船体边界的探摸，并在古船四周边界布置定位球，示意图4.3.2如下。

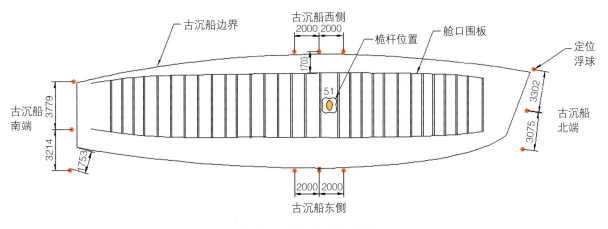

图4.3.2 定位球布置示意图

2022年6月22日，现场对古船及周边区域50米×100米范围再次进行了多波束扫测，用于确认古船边界。

2022年6月29日，现场将2个定位辅助框架吊放到设计位置，具体布放过程参考5.2.4节，同时通过扫测定位辅助框架和古船来核对古船的准确坐标位置。

2022年7月2日，现场第三次对古船及周边区域50米×100米范围进行了多波束扫测，用于确认顶梁端部框架的设计位置。

（2）定位辅助框架布放

2022年6月29日，"大力号"将2个定位辅助框架吊放至设计位置，其宽大的底座可用于辅助水下古船位置的复核，其顶部的平台不仅可用于安装DGPS设备精确定位，而且可以为定位桩安装测量提供作业平台。定位辅助框架设计布放位置和吊放图如图4.3.3、图4.3.4所示。

（3）定位桩沉桩及测量

7月2日，"大力号"起锚移船至古船北侧做沉桩准备工作，"鲲润6号"运输船靠"大力号"右舷，在定位桩末端安装翻桩器并在定位桩顶端内部连接起吊吊索，如图4.3.5、图4.3.6所示。

利用"大力号"副钩慢慢起吊定位桩并完成立桩工作。"大力号"移船将左舷定位桩固定架中心对准定位桩目标位置，并将定位桩插入固定架中完成定位桩的平面坐标定位。

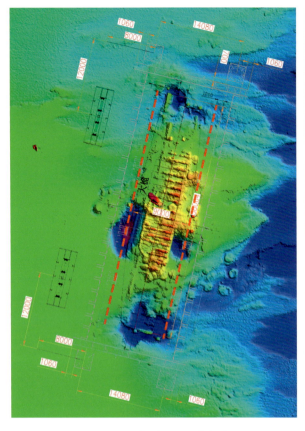

图4.3.3　定位辅助框架设计布放位置

图4.3.4　定位辅助框架吊放

图4.3.5　翻桩器

图4.3.6　桩顶连接吊索

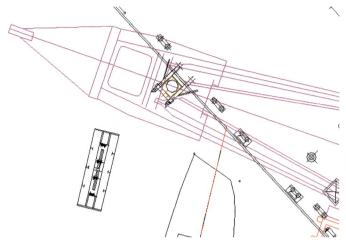

图4.3.7　定位桩固定架对准桩位　　　　　　图4.3.8　定位桩插入固定架对位

将桩插入泥下至吊机不受力后解除翻桩吊索,"大力号"副钩起吊振动锤,指挥人员指挥振动锤夹具将桩顶夹住,进行沉桩,定位人员辅助测量定位保证桩的位置与倾斜度满足要求(图4.3.7)。当桩顶接近固定架时,打开固定架前端横挡,移船后定位桩脱离固定架最终沉桩至设计标高(图4.3.8)。

图4.3.9　定位桩固定架对准桩位　　　　　　图4.3.10　定位桩插入固定架对位

定位桩沉桩到位后,将桩顶平台安装至定位桩桩顶用于辅助测量,当古船北侧2个定位桩沉桩完成后,"大力号"于7月4日起锚移船至古船南侧,并于7月4日和5日两天完成剩余2根定位桩的安装,之后定位人员对四个定位桩进行复测,达到设计要求(图4.3.9、图4.3.10)。

（4）收尾工作

7月5日定位桩安装完成后,预处理工程的主要工作基本结束,"大力号"回收定位辅助框架、桩顶平台并分别在4个定位桩的顶部安装警示灯,之后于7月6日"大力号"完成起锚工作,由"沪救18"拖回上海打捞局外高桥码头(图4.3.11、图4.3.12、图4.3.13)。

图4.3.11　四个定位桩完成沉桩

图4.3.12　回收定位辅助框架

图4.3.13　桩顶安装警示灯

4.3.3　作业成果

1. 多波束扫测结果

（1）2022年6月1日扫测结果

2022年6月1日对古船区域进行了多波束扫测，经过数据整理后出具理论最低潮面的水深图如下所示（图4.3.14、图4.3.15）：

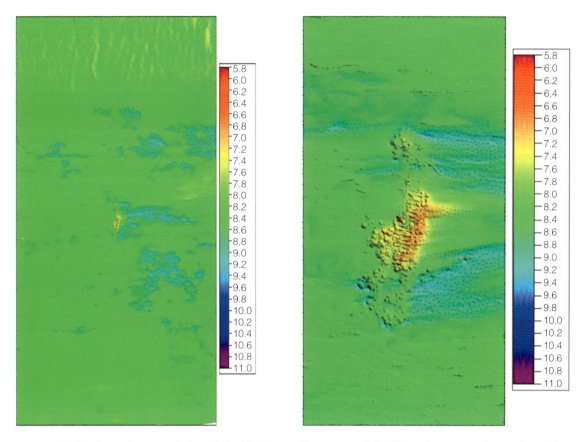

图4.3.14 古船周围500米×500米水深及地形渲染图 图4.3.15 古船周围50米×100米水深及地形渲染图

2022年6月1日的扫测结果与往年扫测情况对比如图(图4.3.16、图4.3.17、图4.3.18)所示:

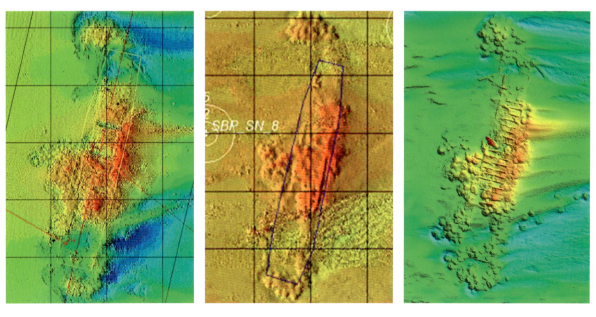

图4.3.16 2021年8月多波束扫测图 图4.3.17 2020年11月多波束扫测图 图4.3.18 2022年6月多波束扫测图

由多波束对比可知：古船方向未发生明显变化；古船大部仍为埋泥状态；海底沙袋堆积较多；古船冲刷严重，无明显东侧边界（图4.3.19、图4.3.20、图4.3.21）。

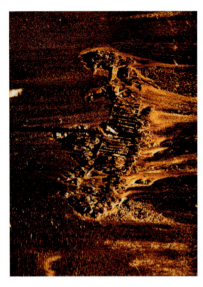
图4.3.19　2021年8月侧扫图

图4.3.20　2020年11月侧扫图

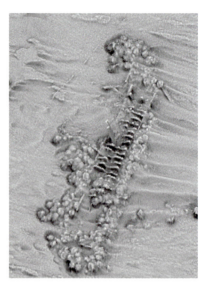
图4.3.21　2022年6月扫测图

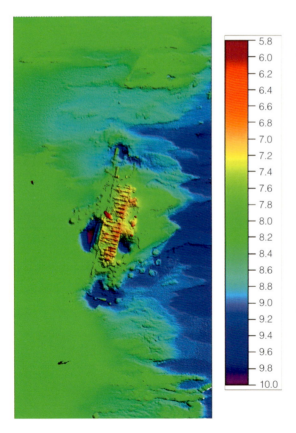
图4.3.22　6月22日古船周围50米×100米水深及地形渲染图

根据扫测结果，古船大桅前后的几个隔舱板较为清晰但受水流冲刷严重，呈不规则阶梯状，古船南北端位置埋在泥下或被沙袋覆盖，东侧形成了较为明显的水流冲刷痕迹。

（2）2022年6月22日扫测结果

经过2022年6月2日至6月21日的预处理工作，于6月22日对古船周边50米×100米区域进行了第二次多波束扫测，结果如图4.3.22所示。

从多波束扫测图上可以清晰地看到潜水员在古船南北两端和东西两侧都打出了近3 m深的坑用于探摸古船边界，并且在古船四周可以找到潜水员提前布放的定位浮球。

（3）2022年7月2日扫测结果

7月2日再次对古船周边50米×100米区域进行了多波束扫测（图4.3.23），结合6月29日下放的定位辅助框架，得到如下扫测结果：

通过对比6月1日、6月22日和7月2日三次多波束扫测结果，古船的位置、大桅、舱口围等结

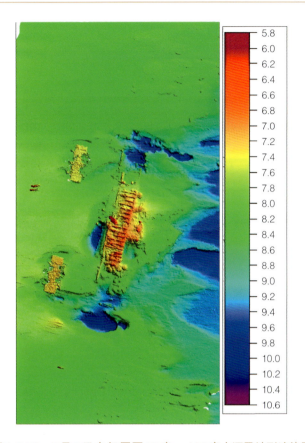

图4.3.23 7月2日古船周围50米×100米水深及地形渲染图

构没有大的变化,之前探摸船体边界打的探摸坑已经部分回填,但可以清晰看到6月22日至6月26日在古船南北端挖掘的端板沉放坑,该坑东西方向长度约20、宽度在1.3—3、深度约3米,沉放坑部分也有回填的痕迹。在古船四周依旧可以找到定位浮球,由于6月27日至7月1日在古船北端打泥、探摸疑似舵叶结构,故北端的定位浮球位置根据疑似舵叶的情况进行了调整,并且可以清晰地看到古船北端探摸时打泥的痕迹。

2. 潜水探摸和障碍物清理结果

(1)古船探摸结果

潜水员从6月2日至7月1日对古船状态和边界进行了深度探摸,探摸结果与往年情况对比,古船主要参数与往年情况如表4-6所示:

表4-6 古船探摸数据

序 号	项 目	2020.11	2021.8	2022.6
1	船长	约38米	约38米	约38.1米
2	船宽	7.6米	露出泥面5.1米	约9.9米(东侧缺失)
3	型深	3.5米	未核实	约3.05米(船底至舷边)

序　号	项　　目	2020.11	2021.8	2022.6
4	大桅高度	3米	4米（垂向高度3.08米）	4米（垂向高度约3.1米）
5	横倾角	25°	33°	约33°
6	纵倾角	未核实	−2°	−2.5°

潜水员通过古船东西侧的打泥挖掘,对古船大桅、横倾、西侧泥下船体结构等探摸,潜水员探摸出转圆处泥面以下深度为3.1米。由于古船东侧未发现相连的船舷板结构,故只能从西侧船宽推测古船船宽约9.9米、型深约3.05米,古船推测的横剖面图如图4.3.24所示。

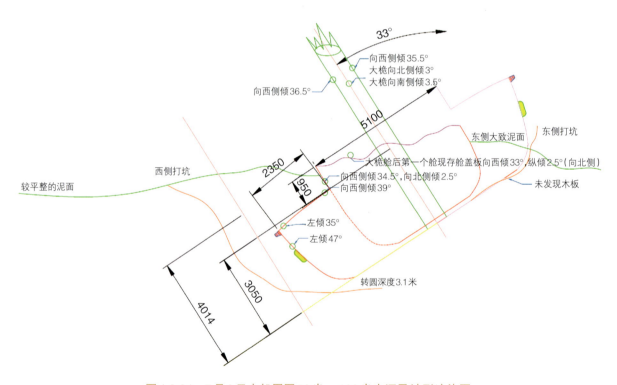

图4.3.24　7月2日古船周围50米×100米水深及地形渲染图

潜水员在探摸东西侧船宽边界位置后打上钢钎点位,然后在南北端古船端部打上钢钎定位,并用走脚绳将钢钎连接起来并测量,水下边界定位示意图如图4.3.25所示,古船残长通过结合多波束和潜水探摸的数据推测约为38.1米。

6月27日至7月1日,现场应文物局要求对古船北端中部打泥探摸疑似舵叶结构,经过多日的打泥和探摸,潜水员探摸到了一根圆形木头,其向东侧有连接木板,在靠近南侧的断口往北40厘米、往东15厘米处又摸到类似吊舵孔的结构,往北约3米处有转圆结构,并发现了一个直径约5厘米的类似勒肚孔的结构,圆形木头上有铁箍,圆木与板连接部位有铁条,潜水员在转圆往东2.2

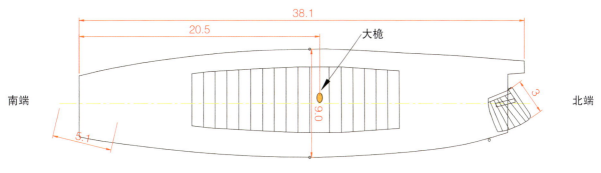

图4.3.25　潜水员水下定位古船边界(俯视图)

米再往外1米处和转圆往外1米处各放置了一个浮球,经过第三次多波束扫测和历史资料推测,该疑似舵叶形状、尺寸结构如图4.3.26、图4.3.27所示。

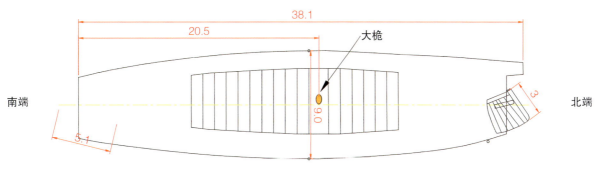

图4.3.26　潜水员水下定位古船边界(俯视图)

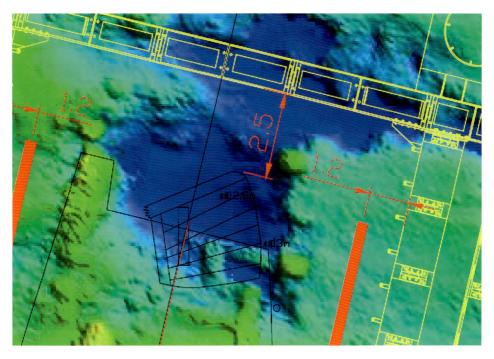

图4.3.27　潜水员水下定位古船边界(俯视图)

（2）文物及障碍物清理成果

根据2021年的探摸结果（图4.3.28），图中所示障碍物与实际情况匹配的已基本清理完毕，个别不影响整体施工作业区域的沙袋因工期紧张以及考虑到对古船的保护未起吊出水：

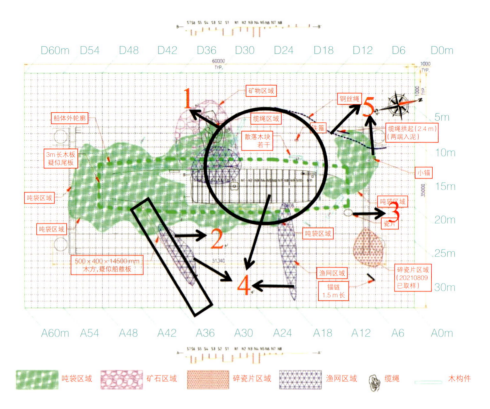

图4.3.28　2021年探摸结果

2022年6月对古船区域进行清理，出土文物分布示意图如4.3.29所示。

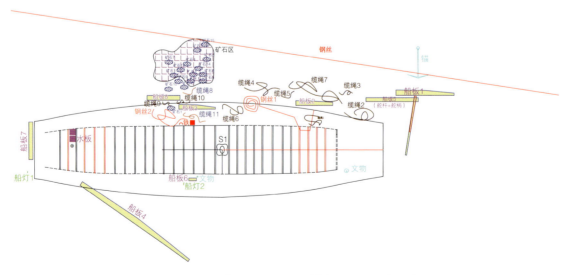

图4.3.29　2022年预处理工程打捞出土文物分布示意图

潜水员除了打捞出土上述文物外，还将顶梁端板框架沉放区域的沙包进行了清理，从多波束扫测图可以看出7月2日扫测的古船四周沙包数量明显少于6月1日扫测时的状态，对顶梁端部框架的布放没有影响。

3. 古船边界定位及顶梁端板框架布放设计

结合潜水员探摸数据和多波束扫测古船及水下定位浮球的位置，并考虑到在古船北端发现的疑似舵叶结构、端板沉放坑的位置和顶梁端板框架结构限制等因素，将古船边界控制在宽度10米、长度约38.5米的范围，而顶梁端板框架北侧端板内壁距离古船北端2.5米；顶梁端板框架南侧端板内壁距离古船南端3.2米；东西侧距离船体边线1.2米，具体位置如图4.3.30所示。

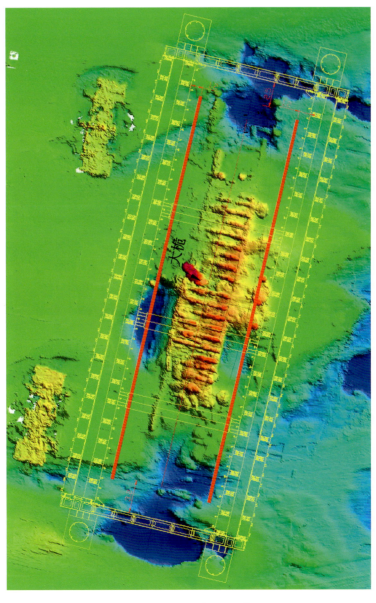

4.3.30　顶梁端板框架设计位置

4. 定位桩测量结果

根据上述顶梁端板框架位置,推导得到定位桩的设计位置,并于7月3日至5日完成定位桩的沉桩工作,经过定位人员对位置和倾斜度的测量,数据结果显示桩的相对位置、平面位置、桩顶标高、倾斜度都满足设计要求。

4.4　码头准备阶段

4.4.1　端板改造

前期预处理工作阶段在古船四周打下了4根定位钢桩,后续通过特制的桩套筒与端板进行焊接,4根定位钢桩完成沉桩后,根据现场实测的钢桩相对位置及倾斜度,定制加工桩套筒的尺寸以及与端板的连接位置,保证后续端板—顶梁框架下放时桩套筒可方便穿过4根定位钢桩,并可下放至设计深度,实现整体打捞框架的精确定位。

由于端板下放时端板一侧存在锁扣,下放后端板锁扣一侧会产生额外的泥土阻力,故在端板两侧设计加高加厚结构(图4.4.1),以确保端板下放时候两侧所受的泥土挤压力相同。

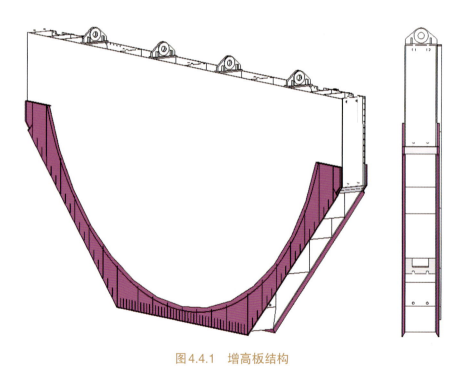

图4.4.1　增高板结构

长江口二号整体迁移项目原计划采用电动绞吸式渣浆泵抽吸和水泵喷冲组合的方式,对端板结构内腔的泥土进行绞吸抽除,再依靠自重下沉到7.5米深度。由于绞吸泵覆盖面积小,抽吸距离短,不能绞吸端板底部的投影面积,依靠坍塌蠕动不能到达水泵抽吸口,或每台抽吸的效率不一,造成了个别区域过度抽吸引起的端板外侧坍塌,对沉船支撑泥土可能造成破坏,以及电动泵故障率高,极易堵塞致烧损。因此为增加可靠性和内腔全覆盖,在原有端板结构不影响强度的情况下,设计出一套液压驱动链斗式循环除泥工装机构,另加高压水泵将铲斗挖出的淤泥提升到端板上方,自动喷冲粉碎后被水流冲走,可提高作业效率,且结构简单可靠。

作为备用方案,在每个端板内布置8套气升式除泥系统(图4.4.2),即每套端板内布置8套吸泥管,如现场端板下放时链斗式除泥系统存在故障或效果不佳时,则启动气升式除泥系统,潜水员携带水苗子进入端板腔体内,辅助端板内的吸泥工作,从而顺利完成端板下放作业。

根据链斗除泥装置的设计位置对原有端板进行局部改造,便于链斗除泥装置的安装,同时考虑后续备用方案(链斗失效后使用气升式除泥)的实施。布放链斗除泥装置、应急打泥管路、光纤、倾角传感器、水位计等,同时校核好链斗除泥装置与端板内部结构的干涉问题,以避免后续施工过程中其他结构物碰撞到链条进而导致整体链斗除泥系统的崩溃。连接链斗除泥装置的指示灯显示装置,用于判断除泥装置的工作状态及运转频率(图4.4.3)。

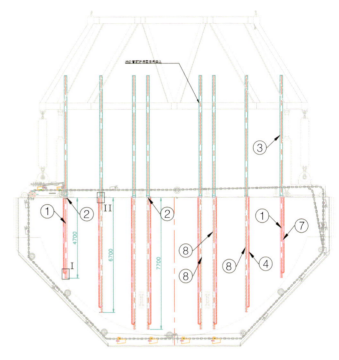

图4.4.2 气升式除泥系统布置图

图4.4.3 链斗除泥系统布置图

4.4.2　弧形梁结构设计优化

1. 切削装置安装结构设计优化

等比例试验的切削装置安装是通过弧形梁上的腰型孔定位的，卡板滑动卡入弧形梁的卡槽中完成连接，拆卸时需要将卡板螺栓全部拆下，将卡板滑出卡槽，在这一过程中存在着操作不方便、浪费时间等问题；切削装置的进排泥装置通过弧形梁上管路与外部相通，其中排泥泵安装在弧形梁机头舱内，安装拆卸困难，在水下条件难以进行拆卸，这就要求每根弧形梁上均须布有一台排泥泵，大大增加了工程成本（图4.4.4）。

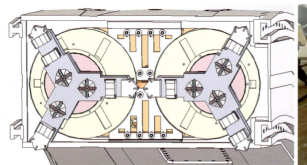

图4.4.4　等比例试验切削装置

在正式打捞设计阶段，上海打捞局项目组就等比例试验阶段发现的问题进行了优化设计。如图4.4.5、图4.4.6所示，正式打捞设计的切削装置通过腰形孔定位，其外壳体与弧形梁对接，四角上布有螺纹孔与弧形梁连接，降低了安装难度，减少了安装时间；本次设计的切削装置在土舱面板上增布两个土压传感器，泥水舱布有两个水压传感器，这样能让我们在水下施工时能实时了解到切削装置的工作状态；本次设计的切削装置将排泥泵安装在切削装置壳体后方，在水下能够随着切削装置一起进行拆卸，降低了设备成本；本次设计的切削装置对进排泥口进行了优化，进泥口由等比例试验的一个冲口改为沿弧形梁外弧侧的两个冲口，可多角度对泥水舱进行冲洗，排泥口从泥水舱一侧移至泥水舱中间，改善了泥水舱的排泥情况。

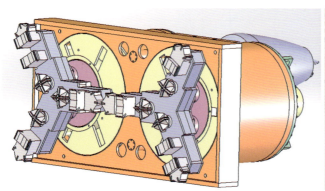

图4.4.5　正式施工切削装置1

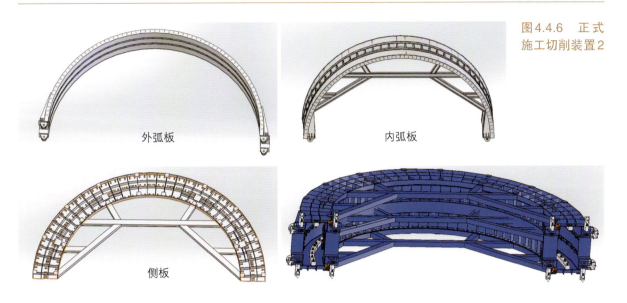

图4.4.6 正式
施工切削装置2

外弧板

内弧板

侧板

2. 发射架结构设计优化

等比例试验用发射架主体结构由内弧板、外弧板、两块侧板四大部分组成，每块板弧度较长，加工难度较大，同时结构较为薄弱易变形，安装不方便。

正式打捞设计阶段所设计的发射架由两块发射架组件1、两块发射架组件2四大部分组成，组件1与组件2通过螺栓连接，其轴向方向连接面在发射架中部，径向方向的连接面互相错开，这样加强了整个发射架的连接强度，组件1与组件2均采用框架结构，加强了每个部件的强度，同时部件弧长的缩短也降低了每个部件的加工难度和加工时间（图4.4.7）。

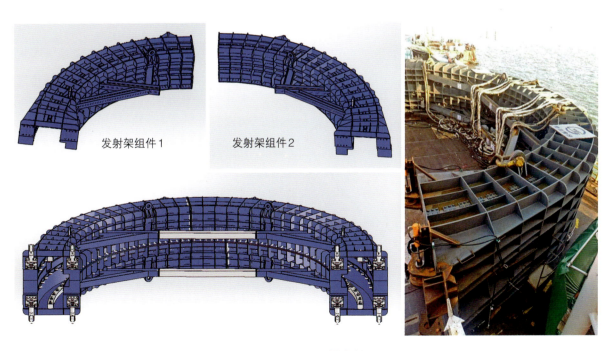

发射架组件1

发射架组件2

图4.4.7 正式打捞发射架

3. 弧形梁结构设计优化

等比例试验所用弧形梁在机头侧内弧上开有一个人行孔,其内部布有进排泥管路和液压管路,在机头舱内,进排泥管路与切削装置泥水舱相连,液压管路与切削装置上液压马达相连,在弧形梁机尾舱端板处布有液压管路和泥水管路接头,与发射架坦克链上的管路连接(图4.4.8)。

图4.4.8 等比例试验弧形梁

正式打捞设计阶段所设计的弧形梁,在外弧面上布有三个人行孔,方便施工准备阶段人员的进出,其内部布有进排泥管路,取消预布液压管路,液压管路直接与切削装置相连,切削装置拆卸时可直接将液压管路带出,这样可使液压管路重复使用,降低了施工成本,也减少了液压管路的连接时间;机尾舱端板上留有泥水管路接头,取消了液压管路接头,面板上开有方孔以方便液压管路通过,进泥管路在机头舱处分为两根支管,可多角度冲洗切削装置泥水舱(图4.4.9)。

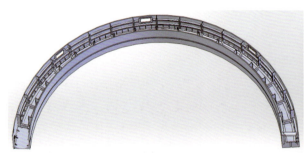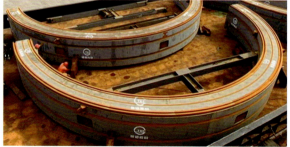

图4.4.9 正式施工弧形梁

4.4.3 端板—纵梁组合体总装

顶梁结构为古船底部弧形梁的始发及接收支座,同时也是古船整体起吊的受力点。顶梁两长边横梁之间用支撑梁连接,以增加顶梁结构的整体强度和稳定性。顶梁两端是梯形封板,封板底部布置链斗式除泥系统和吸泥系统,在下放端板的过程中,利用链斗式除泥系统清除泥层,减少端板与底部泥土之间的阻力,利用重力使得端板沉放至设计深度。

顶梁两长边梁上预留有固定每根弧形梁对应的插销孔,在弧形梁安装完成后插上销轴固定。顶梁面板上安装了发射架固定用的插销眼板,当弧形梁安装完成后,拆除发射架,将起吊吊梁与顶梁面板上的吊耳连接,作为整体起吊的吊点。

1. 结构安装

端板—纵梁组合体组装包括端板与纵梁组装、内外纵梁组装、弧形内支撑组装、桩筒结构组装、导向柱组装、导向米斗组装及辅助工装设计安装等,如图4.4.10所示。

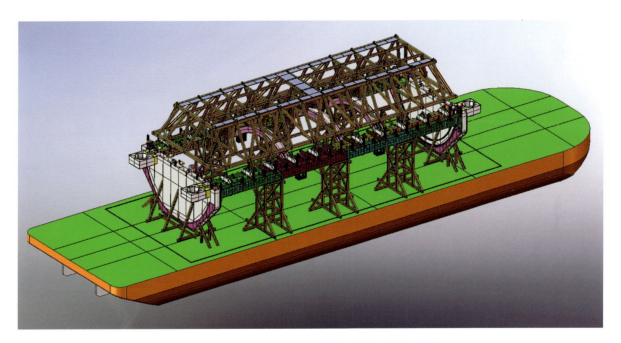

图4.4.10 端板—纵梁组合体组装完成后示意图

2022年7月18日,上海打捞局横沙码头正式开展码头准备工作。考虑将驳船重任802作为端板—顶梁框架的组装场地和运输驳船,项目组按照设计图纸在802甲板测量画线,根据画线位置定位焊接端板支撑底座,"大力号"起吊端板至支撑架,通过端板下设的4只50吨千斤顶调整端板水平及垂直度至设计要求,焊接端板垫块及斜撑,如图4.4.11所示。

按照设计位置安装6个纵梁支撑架并固定,如图4.4.12所示。以第一块端板位置为基准开始吊装内纵梁、外纵梁,通过纵梁下设的千斤顶调整纵梁角度配合销孔对位,调整到位后用螺栓连接端板及纵梁,如图4.4.13所示。为防止产生累计误差,每根纵梁安装完成后都需对纵梁相对

图4.4.11　端板支撑架固定

图4.4.12　纵梁支撑架

图4.4.13　纵梁组装

图4.4.14　纵梁—纵梁组合体组装完成

端板的垂直度进行测量,依次完成12段纵梁的吊放及安装连接工作。通过实际测量已安装纵梁的位置数据,确定第二块端板支撑架的摆放位置并固定,同时参照上述端板竖起方式完成第二块端板的固定工作,参照此前纵梁组装方式进行剩余纵梁的吊放连接工作,复测端板及纵梁的装配情况,满足要求后对纵梁进行焊接固定,以此初步完成端板—纵梁组合体的组装工作,详见图4.4.14。

在纵梁设计位置共计安装了20个起吊小吊梁。

为了避免端板—纵梁组合框架在下放过程中出现纵梁变形的情况,设计并加工制造了三根弧形内支撑,如图4.4.15所示。

根据预处理阶段定位桩的沉桩情况,确定定位桩桩套筒的尺寸及其在端板上的安装位置,依照设计位置完成4个桩套筒在端板上的焊接工作,如图4.4.16所示。

考虑到长江口二号现场水下能见度低,需做好弧形梁安装辅助工装,设计导向柱及导向米斗,辅助发射架水下定位,如图4.4.17所示,完成46根导向柱的焊接固定工作。

图4.4.15 弧形内支撑安装

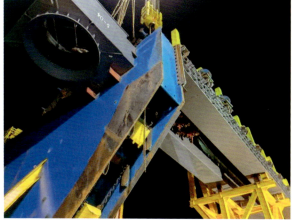

图4.4.16 桩套筒安装

图4.4.17 导向柱安装

2. 精度测量

完成端板—纵梁组合体组装后,需对安装精度进行校核。考虑到重任802受风浪影响较大,船舶摇晃较为严重,因此结构安装精度测量面临较大挑战。现场采用了水准仪、测距仪、测量钢丝、辅助工装件等多样测量手段,根据测量结果进行数据分析,结合千斤顶、吊钩调整等手段调整组装偏差。

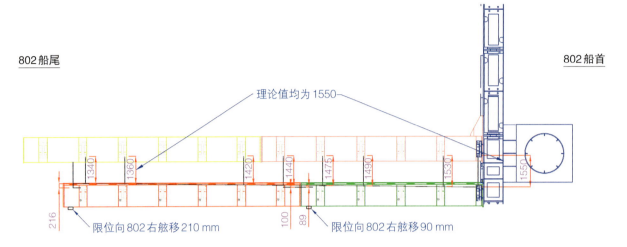

图 4.4.18　过程测量方案

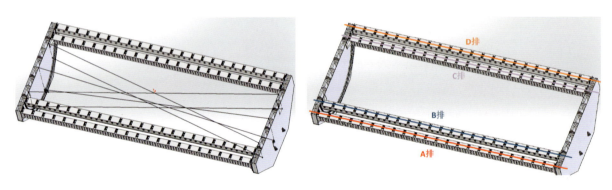

图 4.4.19　组装完成端板垂直度及平行度测量方案　　图 4.4.20　组装完成端板纵梁吊耳同轴度测量

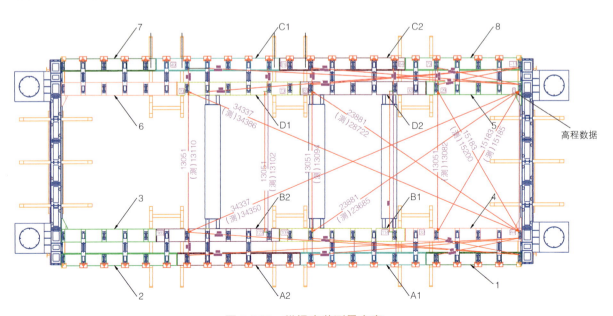

图 4.4.21　纵梁安装测量方案

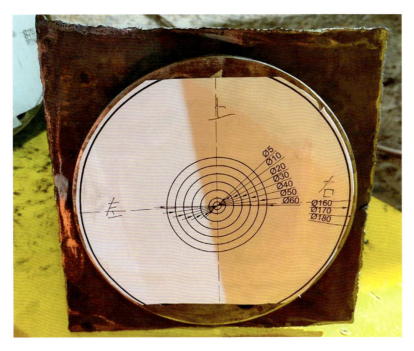

图4.4.22 同心度测量工装

由于纵梁为分段结构,为保证所有纵梁吊耳面在同一个平面内,以确保能够顺利和端板进行连接,故在安装阶段对纵梁和端面的相对位置进行测量,测量方案如下:

(1)测量初始位置。初始测量位置如图4.4.23所示,点1—点24代表千斤顶高度,H、G、F、E,代表纵梁上的吊耳和起吊梁上的吊耳高度,纵梁上的加粗字体代表纵梁的标号。

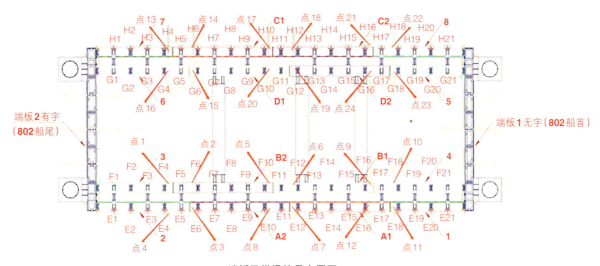

端板及纵梁编号布置图

组装顺序:端板 **1-4-1-B1-A1-A2-B2**(已完成)

组装顺序:**8-5-C2-D2-C1-D1-** 端板 **2-7-3-6-2**(拟定)

图4.4.23 测量编号布置图

（2）端板高度调整。松开所有连接件，包括梁—梁连接件和梁—端板连接件，这样可使端板自由活动并且不影响其他结构。依据第一步的测量结果通过油缸调整端板的高度，先调整有字侧，再调整无字侧，调整的千斤顶高度为518 mm，纵梁下方的千斤顶同步调至418 mm（千斤顶自高+可调节高度）。

（3）设置端板移动工装。端板底座四周设置牛腿，用于端板底座整体前后左右的移动。在端板底座和端板之间设置牛腿用于调整端板的倾斜。底座上现有工装用于调整端板高度和左右倾斜。

（4）端板倾斜度调整。端板点位需要进行两次测量，首先对（点1，点6）、（点2，点5）、（点3，点8）、（点4，点7）拉设测量绳，保证4条绳长一致，测量后可以保证端板不会发生异向偏移（两块端板偏移方向不一致）。第二次测量对（点1，点7）、（点3，点5）、（点2，点8）、（点4，点6）拉设测量绳，保证4条绳长一致，测量后可以保证端板不会发生同向偏移（两块端板偏移方向一致）。

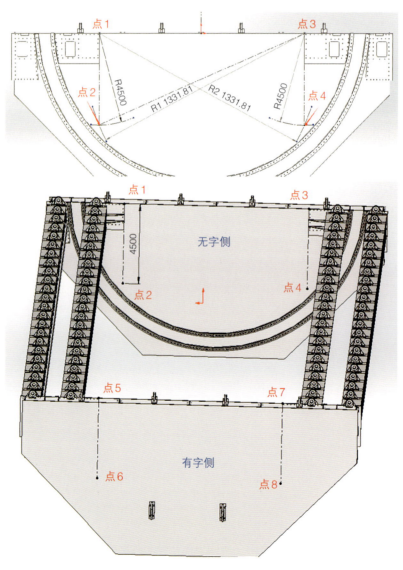

图4.4.24 端板倾斜度测量

（5）调整贴近端板的纵梁高度。以纵梁连接端板螺栓孔为定位,调整贴近端板的纵梁高度。通过倒挂尺测量纵梁高度,复核4段纵梁是否在同一平面内。

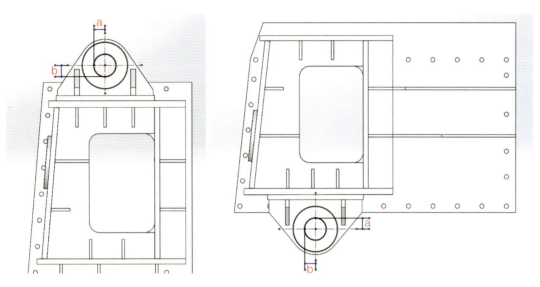

图4.4.25 纵梁高度测量

（6）安装定位销。

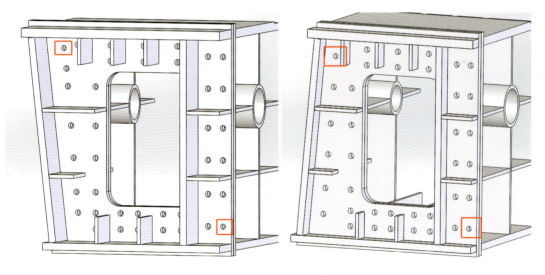

图4.4.26 定位销安装

4.4.4 结构试装及设备调试

长江口二号施工现场水下能见度极低,且受季节气候影响常有恶劣气候阻碍施工进度,项目组统筹考虑,计划在横沙码头完成新旧发射架试装、弧形梁穿引及后推进调试、端板下沉辅助装置调试、设备联调等工作,提前排查现场作业疑难问题,做好现场正式施工准备,以提高现场施工效率、工作质量。

2022年8月18日完成端板—纵梁组合体组装及精度调整工作后,正式开始新旧发射架试装、弧形梁试穿工作。考虑到纵梁支撑架位置的影响,旧发射架在10个工位完成试装,并在单侧端板进行弧形梁试穿引。新发射架在22个工位进行试装,并在两侧端板进行弧形梁试穿引。结合发射架试装过程,对米斗进行改造,作业如图4.4.27所示。

图4.4.27　发射架试装

根据现场作业安排,逐个试装46个起吊小吊梁,确定起吊小吊梁编号及安装方向。为了减小现场水下作业量及作业难度,在起吊小吊梁上加装销轴托架、吊耳限位板及水下辅助岩板。对安装过程中发现的存在较大加工误差的起吊小吊梁,要求返厂修正。

完成现场设备总体联调,测试时分别使用45KW@90L/MIN液压泵站、130KW@240L/MIN液压泵站、6分液压管3根(每边连接到液压驱动马达)以及160KW@129M扬程高压水泵,从甲板通过1.5寸输水管接到喷冲除泥机构;张紧器气囊空气压力预充至3.2 kg/cm²,张紧余量约260 mm;喷冲机构传感器和油马达转速传感器、张紧器升程传感器与其他传感器数据经通道一起传输到弧形梁穿越控制室,通过触摸屏监视运转情况和调速调压,测试满足设计指标要求和施工要求。

2022年9月5日，完成20个起吊小吊梁安装工作，之后连接大吊梁吊索具，并完成起吊大吊梁安装工作，具体如图4.4.28所示。

图4.4.28　28起吊大吊梁安装及绑扎固定

4.5　长江口二号现场施工

2022年9月9日，长江口二号古船整体打捞迁移工程主作业船"大力号"到达古船遗址水域，正式启动古船整体打捞海上施工。

9月12日，古船整体打捞专用"端板—纵梁"组合框架沉放至设计位置。

9月29日，海上施工进入安装弧形梁阶段，正式开始弧形梁穿引。

11月15日，第22组弧形梁穿梁到位。

11月17日，为本次古船整体打捞设计定制的专用工程船"奋力"轮到达古船遗址水域，整体打捞出水进入关键阶段。

11月20日20时，46束共1 426根钢绞线将"奋力"轮与古船弧形梁的沉箱连接完成，开始正式提升。

4.5.1 端板—纵梁组合体沉放

2022年9月6日,长江口二号古船整体打捞迁移工程主作业船"大力号"启航前往古船遗址水域,正式启动古船整体打捞迁移海上施工作业,现场如图4.5.1所示。

图4.5.1 前往长江口二号现场

2022年9月12日,完成端板—纵梁组合体沉放工作(图4.5.2)。

图4.5.2 端板纵梁组合体沉放

根据长江口天气,选择连续七个工作日的作业窗口,天气窗口满足要求后开展现场作业,作业程序具体如下:

"大力号"在古船西侧约200米距离处抛锚布场,抛锚时注意严禁锚钢丝跨越古船,同时注意锚钢丝与定位桩的干涉问题。

待潮水合适时,"大力号"松7#、8#锚钢丝,两艘拖轮协助重任802入场靠"大力号"船尾;"大力号"吊钩挂好端板下放吊梁的起吊钢丝,保持微受力状态,焊工进行解绑扎工作,同时连接好端板顶梁框架的稳索钢丝。

解绑完成后,"大力号"缓慢提升吊力,起吊端板—顶梁框架脱离重任802,重任802绞锚并由拖轮协助离开。

"大力号"稳定船位,绞锚移船至端板—顶梁框架的设计下放位置。

通过调整稳索钢丝调整端板—顶梁框架的位置,将端板—顶梁框架的4个套筒从对应的定位桩穿过并下放。

缓慢下放吊机,至端板—顶梁框架即将触底,稳定吊力并做好姿态监控工作,保证端板—顶梁框架倾斜度控制在0.05°以内,变形控制在10毫米以内。若超过上述数据,停止下放,检查情况并分析原因后,实施调整倾斜角度的应对措施。

监控端板—顶梁框架的水平度,同步开启链斗除泥装置进行排泥工作。使用240 L/MIN油泵两通道分别对两个油马达供油,至泥面0.5米时开始启动铲斗,将速度控制在约5米/分钟,最大油压设定在10 mPa,运行油压在6—9 mPa范围;到达2.6米后发现辅助桩筒卡死,提起至水面对其进行籿板修正,同时对链斗系统进行全面检查,整体磨损伸长约120毫米,为保证下放过程中保持张紧器在320毫米限定的行程内有磨损补偿余量(即链条磨损量),对两个张紧器进行预抬高100 mm处理,底座与端板支撑框架四角上垫装直径100 mm×高100 mm的短管,仍恢复至初始设定值附近(磨损余量240 mm),可以保证24小时运行磨损量补偿。配合吊机的双沟吊力平衡情况调节过程,调整下放速度和链条运转速度,总体压力控制在小于12 mPa,流量100%(约60升/分钟),最大转速20转/分钟,速度6米/分钟。

保持监测并缓慢下放,根据下沉速率调整吊机吊力,做好倾角传感器、光纤采集的数据监控并形成完整记录,监控吊机吨位、半径,监控涨落潮引起的基准水深变化,监控链斗式除泥系统的油压、转速、传感器灯亮情况,直至沉放到设计位置(可根据复测的定位桩沉桩标高,制作4根特制长度的小钢丝,钢丝长度的选取根据端板—顶梁框架沉放到位时桩套筒距离对应钢桩桩顶的距离来截取,首先连接小钢丝一端至桩套筒上端面,另一端连接挂钩并挂在定位钢桩上口,待钢丝拉紧后即表明端板—顶梁框架基本沉放到位)。

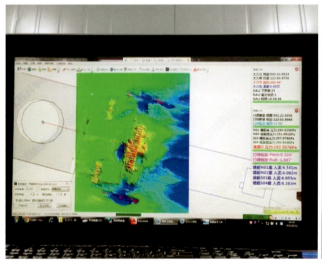

图4.5.3　过程监控

潜水作业,水下探摸端板—顶梁框架的最终姿态,分析潜水员反馈数据满足设计要求后,潜水员水下解除端板下放吊梁与起吊小吊梁之间的吊带连接,起吊端板下放吊梁出水并放置于重任802甲板(如802甲板上的纵梁支撑对放置端板下放吊梁有影响,则在端板下放时期,802返回码头清理甲板腾出空间后返回现场),后续802装运端板下放吊梁返回码头;潜水员水下解除起吊小吊梁与纵梁的销轴连接,将起吊小吊梁与对应的销轴起吊出水放置于"大力号",便于后续整体起吊时使用。

作业过程中持续监测端板的姿态变化、形变情况。

端板—纵梁组合体下放至设计最小入泥深度时,潜水员下水探摸弧形支撑箱梁与古船本体的距离,发现最小位置出现在中间东侧。探摸8个纵梁反底支撑,发现东北侧内总纵梁底部支撑入泥,其余3个距离泥面20 cm—30 cm,结合当前北侧下放的困难情况,决定水下割除北侧的4个支撑底座。

沉放到位。探摸定位桩筒泥面上插销孔与桩筒的相对距离,确定四个角的纵梁下缘标高满足施工要求,实际横倾角0.88°,纵倾角0.565°,探摸出弧形箱梁与古船本体的最小距离为50 cm。总体满足组合体下放深度的设计要求,满足发射架安装及弧形梁穿引要求。

在端板—纵梁组合体的沉放过程中,发现定位桩与桩筒出现干涉问题。沉放至南侧入泥深度2.3 m处,纵梁的纵倾0.6°、横倾0.56°,两端的高差较为明显,4根桩的北侧基本均已贴至桩筒内的筋板上(仅N01北侧与套筒筋板还有3 cm间隙),端板组合体相对于4根定位桩的位置整体偏南。根据定位桩的倾斜度可知,北侧的两根桩(N01/N02)向东南方向倾斜,在端板下放的过程中,北侧的两个套筒与定位桩越贴越紧,而端板又无法推开侧面的泥墙,从而会出现卡死的现象。南侧的两根桩,S03向东北方向倾斜,S04向西北方向倾斜,在下放的过程中,套筒与定位桩的相对位置趋势会变好,不会造成S03、S04与套筒卡死的现象。

基于上述出现的问题,采用相应的桩筒改进方案:

对4个定位桩套筒内部靠外侧的5根高度10 cm的筋板进行割除;

在4个定位桩套筒外侧各安装3个高150 mm的7字板(方便水下切割);

南侧套筒内侧各安装2个高155 mm的滚轮,强制端板整体向北侧移动。

2022年9月12日,端板—纵梁组合框架沉放到位,通过水下探摸数据分析,总体满足组合体下放深度设计要求,满足发射架安装及弧形梁穿引要求。

4.5.2　弧形梁安装

1. 重新布场

端板—顶梁组合体确认下放到位后,经过复测无误,"大力号"起锚,并重新进行抛锚布场。在"大力号"完成抛锚布场后,辅助工程船在指定位置完成抛锚布场。"大力号"甲板已预先布置好一套发射架,旧弧形梁A1、A2共两根;其中A1弧形梁已进入发射架内部,机头已安装到位,整体联调联试工作已完成,具备入水安装的条件。

图4.5.4　弧形梁进发射架

图4.5.5　弧形梁运输至现场

2. 弧形梁安装

2022年9月26日，长江口二号现场正式开启弧形梁现场安装工作。

现场作业时，"大力号"吊机将弧形梁从运输驳船上倒驳至甲板已布置好的梅花桩上，由150吨履带吊辅助进行弧形梁穿引前的准备工作。发射架（含弧形梁）整体调试完成后，"大力号"吊机起吊发射架并翻身至竖直状态。转动吊机至指定下放位置，调整钩头位置至发射架与下放位置端板垂直的状态，后由潜水员引导下放。"大力号"吊机承担起吊发射架至水下穿引弧形梁、回收发射架及机头至甲板设计位置等工作。结合等比例试验作业经验教训，总体作业程序可参照试验阶段施工。

图4.5.6　弧形梁安装

基于等比例试验阶段的弧形梁安装经验，正式施工期间对弧形梁安装过程方案进行了优化，并针对现场部分问题采取解决措施如下：

（1）测量结构件预制

当弧形梁推进到指定位置时，为保证弧形梁的累计误差在设计范围内，需要测量出弧形梁推进完成后的位置关系，由于水下能见度极低，其相对于其他弧形梁和纵梁的位置不能通过水下观察得出，为此本弧形梁系统设计了4种测量小件。

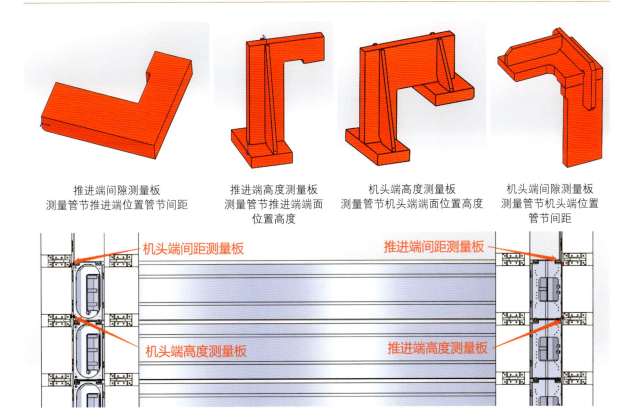

| 推进端间隙测量板
测量管节推进位置管节间距 | 推进端高度测量板
测量管节推进端端面
位置高度 | 机头端高度测量板
测量管节机头端端面位置高度 | 机头端间隙测量板
测量管节机头端位置
管节间距 |

图4.5.7 测量结构件设计

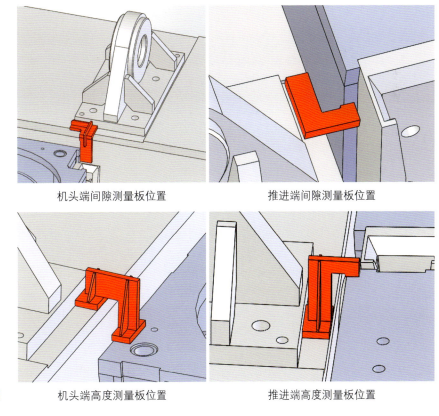

图4.5.8 测量结构件位置

机头端间隙测量板位置　　　　　　推进端间隙测量板位置

机头端高度测量板位置　　　　　　推进端高度测量板位置

序号		示　意
推进端高度测量板	推进端端面位置,利用推进端高度测量板测量弧形梁推进装置安装法兰面与纵梁吊耳安装金加工面的高差; 推进端高度测量板使用时,发射架与推进装置未拆除;	 靠近端板两侧位置　　　　　远离端板位置
	靠紧吊耳底板端面(蓝色面);	
	测量弧形梁推进装置安装法兰面与推进端高度测量板的间隙(可能推进未到位); 测量纵梁吊耳金加工面与推进端高度测量板的间隙(可能推进已过头);	
推进端间隙测量板	推进端侧面位置,利用推进端间隙测量板测量弧形梁推进端沿纵梁方向的相对位置;	

序号		示　　意
推进端间隙测量板	靠紧纵梁外吊耳安装面（机加工面）；	
	测量纵梁吊耳金加工面侧边与推进端间隙测量板的间隙； 或测量弧形梁外弧母锁扣边上金加工面与推进端间隙测量板的间隙；	
机头端高度测量板	在机头端面位置，利用机头端高度测量板测量弧形梁机头安装法兰面与纵梁吊耳安装金加工面的高差； 机头端高度测量板使用时，机头已拆除；	

序号		示　意
机头端高度测量板	靠紧吊耳底板端面（蓝色面）；	
	测量弧形梁机头安装法兰面与机头端高度测量板的间隙（可能推进未到位）；或测量纵梁吊耳金加工面与机头端高度测量板的间隙（可能推进已过头）；	
机头端间隙测量板	机头端侧面位置,利用机头端间隙测量板测量弧形梁机头端沿纵梁方向的相对位置；	

续表

序号		示　意
机头端间隙测量板	靠紧纵梁外吊耳安装面（金加工面）；	
	测量纵梁吊耳金加工面侧边与机头端间隙测量板的间隙； 测量弧形梁外弧母锁扣边上金加工面与机头端间隙测量板的间隙。	

当所测间隙不符合设计要求时，需对弧形梁间隙进行调整，根据间隙的位置不同有不同的调整方案。当机头推进距离过长时，可通过推进装置回退进行调整，当机头推进距离不够、推进装置到达限位不能继续推进时，将切削装置和推进装置拆除，通过工装钩住机头舱面板，油缸顶住纵梁端面，对弧形梁进行牵拉，当工装牵拉无效时，可通过弧形梁机头舱内部焊接的两吊耳对弧形梁牵拉来调整。

（2）解决机头侧插销上下误差措施

① 设计加工油缸提拉工装

针对纵梁变形、弧形梁推进不到位、机头侧无法顺利插销的情况，设计加工图4.5.9示工装，利用液压油缸，下压纵梁，提拉弧形梁，解决纵梁弧形梁销孔高差的问题。

图4.5.9　油缸提拉工装

4.5.3　安装起吊小吊梁

整体迁移项目共计使用22根弧形梁，配合端板—顶梁框架，根据校核结果，在指定位置安装44个起吊小吊梁。

起吊小吊梁的上部吊耳，将小吊梁安装到纵梁上，潜水员配合指导将小吊梁安装到指定位置，并将小吊梁与纵梁吊耳进行销轴连接。针对已穿引完成的弧形梁位置，起吊小吊梁的安装可在施工间隙进行，由履带吊及辅助工程船吊机进行各自船侧的安装工作，以便提升作业效率。完成所有弧形梁穿引及小吊梁安装工作后，"大力号"及辅助工程船调整锚位，让出"奋力"轮的进场位置。

4.5.4　古船迁移

待上述工作完成后，由拖轮拖带"奋力"轮入场并进行抛锚布场工作。

通过绞锚调整船位及艏向，确保"奋力"轮月池位置位于端板—顶梁框架正上方，"奋力"轮提前布置妥当提升系统，下放连好卸扣的提升钢绞线，潜水作业连接卸扣与起吊小吊梁，做好保险工作。利用提升系统，整体抬浮端板—顶梁框架，缓慢提升至完全出泥，过程中保持端板—顶梁框架的姿态监测，继续提升至指定高度。

11月21日0时30分，古船桅杆破水而出。凌晨3时30分，"奋力"轮将长51、宽19、高9米的22根弧形梁组成的古船沉箱提升到设计位置，总重达8 800吨，沉没150多年的长江口二号古船重见天日（图4.5.17）。

图4.5.17　整体起浮

24日22时，在拖轮的拖带下，"奋力"轮解缆起航，装载着长江口二号古船运进黄浦江，于10时55分靠稳上海船厂旧址1号船坞到达坞门口，12时22分启动进坞，13时30分古船正式进坞，14时整古船沉箱到达马鞍底座正上方，现场进行解绑和古船沉箱的下放作业，19时18分古船稳稳坐落于马鞍底座上，平安落座"新家"，下一阶段将开启文物保护与考古发掘新阶段（图4.5.18）。

图4.5.18 古船进坞

4.6 总 结

在项目实施过程中，项目组通过精心的设计演算、模型试验和施工准备，凭借担当作为、拼搏奉献的精神风貌，确保了施工按计划推进。项目组及施工团队以举世唯一的施工方案、史无前例的施工工艺、无可挑剔的施工管理、作业技术和施工工艺，先后完成了古船水下探摸、提取部分文物、清理障碍物、古船扫测、安装定位桩等工作，前所未有地在130天内完成了专用打捞工程船"奋力"轮的设计、建造任务，并完成了46套提升油缸的安装和联调联试；在烈日酷暑下连续奋战30个日夜，在缺乏大型起吊设备的情况下，完成了纵梁端板的高精度组装任务；基于等比例试验经验总结，完成码头发射架试装及弧形梁试穿，以及根据现场实际情况实时进行调整，22根弧形梁也按计划顺利穿引完成。在水文复杂、深秋冷空气频繁的长江口，项目组为提升古船沉箱选择了风浪流最佳的时机，采取了水下充气、单边预提升、逐级加载等破土措施，通过智慧打捞监控系统实时监控古船沉箱的姿态、受力情况等,确保古船沉箱提升一次成功、一次到位。

自2022年9月6日正式启动古船整体打捞以来,累计下潜892人次,水下作业2 230多小时;克服了季节性气象不佳的影响,施工船组共经历了3次台风、8次冷空气袭扰;先后投入"大力号"、"奋力"轮"沪救18""沪救19"等专业打捞船舶,以及辅助工程船舶、甲板驳、交通船共约670艘,现场作业人员达22 185人天;克服了新冠疫情对海上作业的巨大影响,度过了静默管理、疫情攻坚的艰难时期,并在各方人员的大力支持和理解下,施工团队执行了严格的防疫措施和隔离政策,确保作业周期内无一人感染。此次工作形成的最新打捞工艺,当今世界也前所未有,真正实现了科技创新与水下考古的有机结合,为的就是真正保护好文物,真正体现了中国情怀、中国技术、中国实力。

4.6.1　工程技术经验总结

1.结合隧道工艺,创新沉船打捞弧形梁系统

为克服传统打捞工艺存在的精度控制难、挖泥量大且有回淤影响和塌陷的可能,导致对被打捞物体存在扰动损坏可能等技术缺陷,本项目将隧道工艺应用于打捞穿梁系统,提供一种弧形梁结构、一种用于弧形梁顶推的发射架结构及其水下安装方法,解决了传统打捞方式难以保证被打捞物完整性的问题,降低了现场作业难度、施工风险以及被打捞物受到损害的可能性,节约了人力物力,同时保证了被打捞物体的完整性。

古船正式打捞作业中,应用了22根弧形梁,2套发射架系统,一套包含2块端板、4根44米长顶梁的端板—顶梁组合体。端板、顶梁与弧形梁一起构成了古船的封闭保护系统,对古船和周边遗址原生堆积起到了很好的保护,保证了古船遗址的原生性,完整性和安全性。

自2022年9月6日正式启动整体打捞海上施工以来,经过前期精心的设计演算、模型试验,多次头脑风暴、辩证讨论,充分的技术准备和设备物资保障,端板纵梁组合体整体顺利下放到位,22根弧形梁也顺利穿引到位,从发射架入水至弧形梁穿引到位再到发射架提升出水,最快1根仅用时6小时,平均1根12小时。验证了该打捞工艺在实际工程中是可行的、可靠的、可控的,并且在实际应用过程中能够持续优化升级,具备灵活的可调整性。

该种打捞工艺为后续在长江口及其他类似海况海域的沉船打捞作业提供了新思路,特别是对于要求船体完整、船体结构较脆弱、船体本身具有较高研究或经济价值等情况具有较高的参考价值。对于不是正沉姿态的沉船,采用弧形钢梁结构便于后期摆正。

除了上述弧形梁系统在打捞过程中的应用,在古船弧形梁沉箱打捞出水后,项目组运用隧道注浆技术,在相邻两根弧形梁内外弧锁扣之间的空隙进行注浆作业,选择的材料遇水快速膨胀固化,能够填充泥土中的空隙,对于弧形梁沉箱整体封堵起到了很好的效果。

2.正式打捞前的方案评审,充分讨论施工细节,全面考虑应急预案,充足准备设备物资

项目前期项目组召开多次专家评审会、内部会议、专项方案评审会,提出了若干对后续现场施工具有建设性、指导性、前瞻性的建议与措施。

根据专家评审会提出的要求,项目组于2021年底进行等比例试验,试验结果对正式打捞有

着极大的借鉴和指导意义,验证了弧形梁方案的可行性和安全性。除此之外,等比例试验也为整体打捞提供了很多优化改进的经验,举例来说,促使项目组优化升级了端板沉放装置,从原本的潜水渣浆泵抽吸排泥系统改造成了链斗机械式除泥系统,更加适应古船遗址的实际泥质,避免了排泥产生的塌方;改造了纵梁上定位柱的形式,做了加强,按照高低交叉布置;改造了发射架上套筒的形式,使之能够消解定位柱安装精度的误差和焊接产生的变形等等。

在多次专项方案讨论会上,对原设计方案持续进行优化:原定发射架内推进装置提供的最大推力为300吨,后经过反复计算论证讨论,最终确定了要求提供的最大推力为400吨,在实际弧形梁顶推过程中,最大推力一度超过300吨,瞬时值曾达到380吨,这一优化措施对项目能够顺利推进产生了关键性的作用。

再例如,在对弧形梁安装程序进行前期应急情况分析及考虑应对措施的准备时,就考虑到了弧形梁销轴无法顺利安装的情况,制作了一套大小直径的假轴,用于应对可能发生设计的销轴无法插入的情况。在实际施工中,该情况确实发生,也使用了该系列假轴确认了纵梁与弧形梁销轴孔的相对大小,依此结果制作了2根细销轴备用。

在设备物资方面,正式动员前,项目组从施工方案、施工程序、应急预案出发,结合局自有资源情况,联系多年现场施工经验,提前采办调拨所需的设备物资并留出足够的余量,为现场施工提供了充足的保障。

3. 根据现场实际情况不断优化施工工艺

(1) 弧形梁推进到位后,固定纵梁与弧形梁的销轴无法安装。

针对这个问题,最初现场项目组通过设计工装用于调节弧形梁与纵梁的相对位置;随着弧形梁与纵梁的相对位置越来越不理想,连续几根弧形销轴无法安装,整体趋势呈现弧形梁到位后低于设计位置,向端板侧偏离。经过水下测量,发现弧形梁呈现外喇叭趋势,且随着弧形梁安装位置向中间靠拢,该趋势不断加大,导致对整个弧形梁系统的稳定性及古船弧形梁沉箱整体提升产生了巨大的安全隐患。为解决这一难题,现场项目组出具了三类措施:

第一类,针对已穿引到位的弧形梁,设计加工液压油缸工装,用油缸反压纵梁同时上提弧形梁,减小二者的相对距离;用自身高度较小的油缸塞入两根弧形梁的锁扣间,通过加塞钢板,逐步将弧形梁从偏向端板的姿态调节成基本居中;

第二类,针对还未安装的弧形梁,在机头侧空腔内加装吊耳,在弧形梁弧面最底部空腔内安装液压油缸,尝试在弧形梁穿引到位后,以相邻弧形梁为靠山调整喇叭口;在弧形梁锁扣间空隙尝试注浆,以达到调整弧形梁喇叭口的目的;

第三类,针对发射架进行改造,优化插销的施工工艺,最初是将发射架回收至甲板后,再回收机头,最后安装机头侧插销。该工艺的弊端在于,发射架一旦回收,弧形梁将失去动力源,在回收机头后发现弧形梁与设计位置有偏差将要花费大量的人力物力及时间去调整。因此,现场项目组改进施工工艺,将机头提前回收至发射架内,并在推进装置与弧形梁连接处加装一块30厘米的工装,增大弧形梁的推进距离。潜水员水下探摸发现弧形梁在高度方向未顶推到位时,可操控推进系统继续顶推,在机头侧销轴安装完毕后,倒拉弧形梁安装机尾侧销轴,最大反拉力平均可以控制在160吨—180吨之间。

（2）纵梁对接法兰面底部产生间隙。

在弧形梁穿引的后期，出现了外纵梁中间法兰对接面底部张开、螺栓拉断的情况，为解决该问题以及阻止纵梁张开继续扩大，现场项目组立即组织相关专家召开专题讨论会，最终确定了制作防沉板结合液压油缸向上顶推纵梁的方法，以平衡发射架自重对于纵梁的压力。

由于发生了该情况，现场项目组及时调整弧形梁穿引顺序及作业流程，首先确保开口法兰处的2根弧形梁穿引到位，销轴安装完毕，以此解除法兰面开口变大、螺栓继续被拉断而带来的纵梁变形、弧形梁销轴无法安装的危机。在后续弧形梁穿引作业前后，潜水探摸法兰开口处，确认开口大小始终保持不变。

（3）双公锁扣弧形梁改造措施。

根据最后一根弧形梁南侧、北侧相邻的两根弧形梁的测量数据，发现这两根弧形梁已发生东西方向错位，存在外喇叭口且北侧喇叭口更严重，项目组通过计算、建模论证，决定拆除最后一根弧形梁的北侧锁扣，同时讨论了多种措施对缺少锁扣的一侧进行封堵，确保不影响弧形梁系统整体稳定性及整体提升的安全性，可以说该措施是当时最省时省力、节约有效的选择。

4.6.2　项目管理总结

1. 组织架构

本项目组织架构完整，由于涉及的施工现场较为分散，分部分项工程专业性较强，涉及的相关单位众多，本项目组设置4名项目副经理分管不同领域，对项目经理负责，设置施工总监、现场工程师、QHSE经理、商务经理、采购经理、后勤经理、财务经理、潜水总监、潜水监督、设备监督、文件控制岗位，所有人员各司其职，岗位职责明确，具备应有的专业技能，在项目进程中起到了推动作用。

2. 质量管理

项目进程中，依托项目质量计划，结合现场实际需求，进行了严格的质量管理。由于本项目包含大量分部分项工程，且环环相扣，对质量管理提出了更高的要求。除了落实预定的质量关键点及质量控制措施外，在项目实施过程中，还要根据实际需求，增加新的质量控制措施，制作详细的测量记录表格，详细记录每次测量数据。在端板纵梁组合体沉放前，应首先确定沉放到位的设计深度，以及测量的基准和点位，采用至少两种测量方案进行对照，确保数据的可靠性，与施工作业人员进行详细的交底，形成记录表格模板。在端板纵梁组合体沉放过程中，需识别出质量控制的关键点为吊机吊力、下放速率、链斗除泥装置运行速率、油压、入泥深度、端板纵梁组合体的整体姿态（横倾纵倾角度），吊机每做一次动作，都需记录以上一系列关键数据，便于后续查找相关数据，对当时的形势作出判断并发出下一步动作指令。在端板沉放到设计位置附近，由潜水员入水探摸，工程师负责记录相关数据，根据潜水员反馈的数据，进行计算校核，判断端板纵梁组合体的水下姿态是否满足发射架安装的条件。

由此可见，质量管理在本项目中处于十分重要的角色，能够提高事前与事中控制的执行力，减少返工活与无用功,提高现场作业效率。

3. 进度管理

受新冠肺炎疫情影响,项目推后2个多月动员,错过了海上作业的最佳时间,因此在正式打捞过程中,海上施工船组受到台风、冷空气等恶劣天气的多次影响,且潜水作业时间在大汛期间较短,小汛期间则多为大风天气,海况成为进度控制的一大重要影响因素,为抢抓工期,必须在优化施工程序、统筹施工管理、减少返工、提高水下作业效率等方面下功夫。除此之外,海上作业涉及至少6条主要施工船舶,合理规划调度、充分了解利用各船舶特性,也是进度管理能够顺利推进的重要因素之一。

4. 分包管理

本项目涉及近40个工程分包,涉及加工制造、船舶、设备、人员、专业服务等方面,管理起来具有极大难度,本次作业能够迅速做好相关分包商采购和管理工作,源自事前我局针对可能遇到的常规情况,提前谋划,并与相关单位建立了相关长期协议,建立了丰富的合格分包商名录。对于此前从未涉及过的分包内容,也严格遵守局规章制度要求,选择最合适的分包单位。项目组在作业前与分包商进行了细致的工作内容交底,作业期间通过微信、日报、现场派驻等形式,对分包商作业质量、进度、安全进行了全面的项目管理。

5. 体系文件管理

本项目严格遵照上海打捞局QHSE体系文件运行,各岗位人员根据体系要求制作相关文件,设立了专门的文件控制岗位,收集归档项目开展过程中发生的体系文件。

第五章 古船进坞

5.1 概 述

为确保长江口二号古船安全、完整地进行整体打捞迁移，交通运输部上海打捞局创造性地设计了一条全新的专用打捞工程船，并命名为"奋力"轮。2022年3月10日，"奋力"轮在南通开工建造。4月12日，船坞铺龙骨合拢。5月26日，"奋力"轮下水出坞。虽然建造过程中遭遇疫情，却比预定日期提前近一个月完工交付，驶抵上海。"奋力"轮主尺长130米，宽34米，型深9米，设计吃水6米，最大特点是船两端设有同步提升装置，在船中部开口，自带一个长56米、宽20米的月池，仅用一条船就完成了提升、运输、进坞三项任务，极大地提高了作业效率，保证文物在施工和运输过程中具有安全性高、操作性强、科技含量高等诸多优点。

由于上海船厂旧址1#坞门于1998年投入使用，工作近20年，自2015年停工至今，没再进行过大修，由于已近8年没有使用维保过，坞内很多结构、设施、设备都已损坏，需要重新维修测试。上海打捞局积极协调上海海事局、上海水务局、杨浦区水务局、杨浦滨江公司等单位，于2022年9月20日前完成了1#船坞坞内检修、坞门检修、坞口疏浚、步道拆除与恢复、坞门启闭等所有分项项目的申报及批复工作。1#船坞现场已完成坞内弧形梁系统马鞍底座制造工作，于9月26日开展坞口清淤作业，10月8日完成了滨江步道封闭以及拆除工作，至10月23日完成了坞内及坞门所有检修、坞门步道上所有多余结构与管线拆除等工作，保证了坞门开关功能正常、船坞整体强度和密封性等符合设计要求。

1#坞门于10月30日第一次成功开启，在完成止水橡胶更换后，于11月9日成功完成了第一次关闭和坞内排水，整体开启和关闭过程顺利，符合预期要求，为古船整体迁移进坞奠定了基础。

11月21日0时40分，长江口横沙水域见证了中国水下考古新的历史性突破，22根巨型弧形梁组成的长48、宽19、高9米、重约8 800吨的弧形梁系统装载着古船，经过4个多小时的水下持续提升后，在打捞工程船"奋力"轮中部的月池缓缓露出水面，古船桅杆清晰可见，古船时隔150多年重见天日。

1#坞门于11月23日完成第二次开启，等待"奋力"轮运送长江口二号古船进坞。11月24日22时，在拖轮的拖带下，"奋力"轮解缆起航，怀抱着长江口二号古船起浮进黄浦江，于11月25日

10时55分靠稳上海船厂旧址1#船坞坞门口,12时22分启动进坞,13时30分古船正式进坞,于14时古船到达马鞍底座正上方,现场进行解绑和弧形梁下放作业,19时18分古船稳稳坐落于马鞍底座上,平安落座"新家"。随后,11月26日完成第二次坞门关闭,"奋力"轮也于26日晚上19:09时座底于坞墩上。

在第三次开坞门之前,船坞内完成了坞内清理、坞墩复员、"奋力"轮船尾切割、"奋力"轮船尾提升、纵梁外侧突出结构切除等工作,为"奋力"轮出坞做好充分准备。第三次开关坞门为"奋力"轮出坞阶段,2023年1月6日完成了坞门的第三次开启,1月7日"奋力"轮顺利出坞,1月8日完成坞门第三次关闭,坞门三次启闭工作全部结束,"奋力"轮也完成了本项目的所有任务,由拖轮拖航复员。4月26日完成了1#坞门上的步道恢复,至此,长江口二号古船整体迁移项目全部完工。

5.2 船坞工作

5.2.1 古船迁移选址

在前期筹划过程中,各方专家对于长江口二号古船打捞出水后的存放地点进行了调查研究。前期调研地点包括临港南汇嘴观海公园附近、宝山吴淞炮台湾湿地公园内、长兴岛、黄浦区原江南船厂旧船坞以及杨浦区原上海船厂旧船坞等。对于临港、宝山、长兴岛等地,需要在江边建一浮动码头和岸上滑道,古船运输到岸边时,通过浮动码头转驳,再通过岸上的滑道拖拉至指定地点,施工成本相对较高。黄浦区和杨浦区的两个旧船坞地理位置相对其他几个要优越,建成博物馆后对于古船的历史文化和人文宣传效果会更佳。但黄浦区原江南船厂旧船坞内建筑物、钢结构及杂物很多,清理成本和时间比较长,而杨浦区原上海船厂旧船坞内杂物很少,只有一些脚手架钢结构等杂物,清理相对方便。综合施工成本、施工难度以及地理位置等因素,最后决定选用杨浦区原上海船厂1#船坞为长江口二号古船存放点。

杨浦区原上海船厂旧船坞包含2座相邻船坞,西侧为1#船坞,东侧为2#船坞。2座船坞之间的坞墙共用。经纬度坐标:31°15.071′N,120°30.973′E。1#干船坞长204、宽36、深10.4米,如图5.2.1所示。

上海船厂旧址1#坞门于1998年投入使用,工作近20年,其中在2008年进行过一次大修。自2015年停工至今,没再进行过大修。由于已近8年没有使用维保过,所以需要提前对1#船坞进行整体检测及计算,确认坞内以及坞门状况是否满足古船进坞与存放条件,如不满足条件则需进行相应检修,以确保古船进坞前船坞的正常使用功能。

船坞废弃后,坞门已纳入黄浦江滨江风光带,坞门上铺有人行步道及绿化带。在第一次开启坞门前需对上海船厂1#船坞坞门上的绿化带及步道进行拆除。在古船进坞关闭坞门后需对坞门上的绿化带及步道进行原貌恢复。

古船进坞前,需要对坞口进行清淤,以保证开关坞门和"奋力"轮进、出坞航道畅通无阻。另

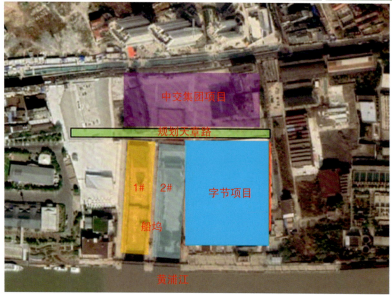

图5.2.1　原上海船厂1#干船坞位置图

外,坞内钢结构及其他杂物须清理干净,再设计位置布放马鞍底座和坞墩,以便"奋力"轮与古船进坞后落座。"奋力"轮落座后还需要切割、提升船尾,以保证"奋力"轮顺利出坞。以下章节将分别介绍船坞检测、坞内准备、坞口清淤、开关坞门及步道拆除与修复、"奋力"轮进出坞等工作内容。

5.2.2　船坞检测与维修

5.2.2.1　船坞坞内检测

经过前期现场观察发现,由于1#干船坞多年未使用,缺少维保,坞墙钢板桩防腐涂层有局部脱落,钢板桩接缝的止水带有局部损坏,坞墙局部存在钢筋锈蚀后膨胀引起剥落等情形,坞门内侧钢面板、楼梯等钢结构设施均存在不同程度的锈蚀情况。因此需要对该船坞坞内进行安全性、适用性和耐久性检测评估(图5.2.2)。

1. 检测内容

本项目对1#船坞结构的所有外露面开展了检测,包括坞墙结构的顶面和外立面(外走廊、帽梁、钢板桩、面板顶面)、坞室的底板和圈梁、钢坞门内侧面板及坞门墩、系船柱、护舷等。主要检

图5.2.2　1#干船坞内前期图片

测工作内容如下：

（1）结构外观检测

坞墙结构外露面（含钢板桩、帽梁、外走廊、现浇面层顶面）和坞室结构外露面（含坞底板、坞门墩）的外观普查，并对北坞墙后建的挡土墙结构进行了检查。

（2）结构变形与位移检测

坞墙侧墙、坞口、坞尾墙的相对水平位移、不均匀沉降和倾斜；坞底板的沉降。

（3）混凝土结构耐久性检测

坞墙结构外露面（含钢板桩、帽梁、外走廊、现浇面层顶面）和坞室结构外露面（含坞底板、坞门墩）、北坞墙处后建挡土墙等混凝土结构的强度、碳化深度、钢筋保护层厚度、氯离子含量及扩散情况、混凝土钢筋锈蚀等。

（4）钢结构耐久性检测

钢结构（钢板桩、坞门内侧钢板、系船柱等）的防腐蚀措施等。

（5）停靠船及防护设施检查

系船柱、护舷的现状。

2. 检测方法及步骤

（1）结构外观破损检测

对检测范围内所有水工混凝土结构进行外观完损检测，从外表确定水工混凝土结构损坏的部位、程度和范围，为分析缺陷产生的原因及确定正确的处理方案提供可靠依据。依据《水运工程水工建筑物检测与评估技术规范》（JTS 304-2019）要求。

检测步骤如下：

① 检测人员观察各构件外观情况，重点为混凝土剥落、破损、开裂等情况。通过仔细检查，详细记录缺陷的位置、性质、程度、外貌、尺寸、颜色，并对全部检查区域拍照记录。

② 描述主要裂缝的分布，量测裂缝长度、宽度及数量，了解裂缝的张合情况。一般来说，沿

裂缝延伸其裂缝的宽度往往是不均匀的,工程检测中关注的是最大裂缝宽度和平均裂缝宽度。

③ 记录暴露于自然环境的状态:损伤、剥蚀、脱落及磨损。

④ 记录高应力区域的情况,有无混凝土压碎的部位。

⑤ 检测有无表面受损情况:裂缝、破损、凹陷,变形情况等。

⑥ 检查时还要仔细核验构件的连接节点处是否有松动、破碎等受损情况。

⑦ 对结构外观劣化度进行分级。

（2）混凝土结构强度检测

为减少对结构的损坏,本项目主要采用回弹法检测混凝土强度。

测试时,用具有规定动能的重锤弹击混凝土表面,弹击后,初始动能发生再分配,一部分能量被混凝土吸收,剩余的能量则回传给重锤。被混凝土吸收的能量取决于混凝土表面的硬度。

混凝土表面硬度低,受弹击后塑性变形和残余变形大,被混凝土吸收的能量就多,回传给重锤的能量就少;相反,混凝土表面强度高,受弹击后的塑性变形小,吸收的能量少,而传给重锤的能量多,回弹值就高,从而间接反映了混凝土的抗压强度。

如回弹法检测结果显示构件混凝土强度明显低于原设计等级,则需采用钻芯法进行验证。钻芯法是一种半破损的现场检测混凝土强度的方法,是在结构物上直接钻取混凝土试样进行压力检测,能够真实反映结构混凝土质量。规范依据《水运工程水工建筑物检测与评估技术规范》（JTS 304-2019）及《水运工程混凝土结构实体检测技术规程》（JTS 239-2015）。

混凝土结构强度检测步骤如下:

① 检测时,每个构件至少布置5个测区。

② 相邻测区的间距不大于2 m,距离构件端部不大于0.5 m且不小于0.2 m。每个测区选在一个可测试面上或对称的2个测试面上,测区均匀分布,测区面积不大于0.04 m²,并能容纳8或16个测点。

③ 测区表面为混凝土原浆面,清洁、平整、干燥,不应有疏松层、浮浆、油垢、蜂窝以及麻面等表面缺陷。

④ 测点在测区范围内均匀分布,相邻两测点的净距不小于20 mm;测点距离外露钢筋、预埋件的距离不小于30 mm。测点不应在气孔或外露石子上,同一测点只应弹击一次。

⑤ 测试时回弹仪的轴线应始终垂直于构件的混凝土检测面,缓慢均匀施压,准确读数,快速复位;每一测点回弹值读数应估读至1。

依据《水运工程混凝土结构实体检测技术规程》（JTS 239-2015）的公式和步骤计算结构或构件的混凝土强度。

⑥ 混凝土强度合格判定:根据《水运工程混凝土结构实体检测技术规程》（JTS 239-2015）第5.5.1条,回弹法检测混凝土强度的判定依据为:以混凝土强度推定值进行合格评定,当推定值大于混凝土设计强度等级标准值时,可判为合格,反之,初步判为不合格。采用钻芯法进行验证。

钻芯法检测抗压强度步骤:

① 混凝土芯样钻取的直径为100 mm。芯样的钢筋允许含量满足要求,即芯样直径 $\Phi \geqslant 100$ mm

的试件,最多可含一根直径 $\Phi \leqslant 22\,\text{mm}$ 的钢筋,且与试件受压面平行。

② 每个芯样制备一个抗压强度试件,试件用磨平机磨平,高径比为 $1:0$。

③ 修整完毕后的芯样试件静置 24 h,在 (20 ± 2)℃的水中养护 48 h。

④ 芯样试件的抗压试验依据《水运工程混凝土结构实体检测技术规程》(JTS 239-2015)中有关规定计算混凝土抗压强度测试值。

⑤ 试件抗压强度代表值的确定。《水运工程混凝土结构实体检测技术规程》(JTS 239-2015)第5.4.9.1条规定:直径为 100 mm 的1个抗压试件的芯样,取其测试值为抗压强度代表值。

⑥ 现场钻芯时构件上留下的空洞立即采用高强聚合物砂浆进行修补。

(3)混凝土结构碳化深度检测

混凝土碳化是指混凝土硬化后其表面与空气中的 CO_2 作用,使混凝土中的水泥水化生成的产物 $Ca(OH)_2$ 生成 $CaCO_3$,并使混凝土孔隙溶液的 pH 值降低,造成表面钝化膜(防止钢筋产生锈蚀)也随之分解,钢筋表面逐渐反应生成 $Fe(OH)_3$,最终导致钢筋锈蚀。碳化速度的主要影响因素是混凝土的密实度和其所处的环境条件,主要包括大气中的 CO_2 浓度和相对湿度。

酚酞溶液具有遇碱变红的化学性质。混凝土未碳化时,混凝土中水泥水化生成的产物是 $Ca(OH)_2$,混凝土孔隙溶液的 pH 值可使酚酞溶液呈现红色;混凝土碳化后,酚酞溶液呈现无色。通过红色和无色的分界线,判断碳化的深度。依据规范《水运工程水工建筑物检测与评估技术规范》(JTS 304-2019)及《水运工程混凝土结构实体检测技术规程》(JTS 239-2015)。

混凝土结构碳化深度检测步骤如下:

① 碳化深度测点位置检测时避开较宽的裂缝和较大的孔洞。

② 回弹检测完毕后,在同一个构件上选有代表性的位置测量碳化深度值,测点数不应少于3个。

③ 首先在测区表面形成一个直径约 15 mm 的孔洞,其深度应大于混凝土的碳化深度,孔洞中的粉末和碎屑应清理干净,并不得用水擦洗。

④ 清理后用浓度为1%—2%的酚酞酒精溶液滴在孔洞内壁的边缘处,并测量已碳化与未碳化(变色区)混凝土交界面到混凝土表面的垂直距离3次,每次数值精确至 0.25 mm。

⑤ 取平均值作为一个测点的混凝土碳化深度,并精确至 0.5 mm。所有测点的碳化值平均值为该测区的碳化深度值,并精确至 0.5 mm。

⑥ 构件上留下的孔洞立即采用高强聚合物砂浆进行修补。

(4)混凝土结构钢筋配筋及保护层厚度检测

钢筋保护层厚度检测是基于涡流和脉冲原理,使用钢筋测试仪在构件上移动直接测读出保护层厚度。选取测点时,应避开多层、网格状钢筋交叉点及钢筋接头位置,避开混凝土中预埋设铁件、金属管等铁磁性物质,避开强交变电磁场以及周边较大的金属结构。依据规范《水运工程水工建筑物检测与评估技术规范》(JTS 304-2019)及《水运工程混凝土结构实体检测技术规程》(JTS 239-2015)。

混凝土结构钢筋配筋及保护层厚度检测步骤如下:

① 检测位置按结构位置的重要性和代表性原则选取。

② 检测前,对钢筋保护层厚度测定仪进行预热和调零。

③ 对被测钢筋进行初步定位,判断出箍筋、横筋和纵筋的位置,并在混凝土表面做好标记。

④ 根据保护层厚度设计值,在保护层测定仪上预设保护层厚度测量范围;当钢筋直径已知时,在保护层测定仪上预设钢筋直径;当钢筋直径未知时,采用保护层测定仪默认的钢筋直径。

⑤ 每测点测试两遍,每次读取保护层厚度测定仪显示的最小值;当设计保护层厚度值小于50 mm时,两次重复测量允许的偏差为1 mm;当设计保护层厚度值不小于50 mm时,两次重复测量允许的偏差为2 mm。

⑥ 对构件的检测结果进行统计,合格点率小于80%时进行加倍复测。

⑦ 必要时剔凿验证。剔凿后构件上留下的孔洞立即采用高强聚合物砂浆进行修补。

（5）结构沉降位移测量检测

本项目采用水准测量,即用水准仪和水准尺测定地面上两点间高差的方法。在地面两点间安置水准仪,观测竖立在两点上的水准标尺,按尺上的读数推算两点间的高差。通常由水准原点或任一已知高程点出发,沿选定的水准路线逐站测定各点的高程。由于不同高程的水准面不平行,沿不同路线测得的两点间高差将有差异,所以在整理水准测量成果时,须按所采用的正常高程系统加以必要的改正,以求得正确的高程。

依据规范《水运工程水工建筑物检测与评估技术规范》（JTS 304-2019）、《水运工程测量规范》（JTS 131-2012）和《水运工程水工建筑物原型观测技术规范》（JTS 235-2016）。

结构沉降位移测量检测步骤如下:

① 了解现场测量条件,建立坐标系、基准点,埋设测点。

② 外业测量采用GPS-RTK测量技术CORS（Continuously Operating Reference Stations）模式。输入当地坐标参数,连接好网络,就可以随时进行测量,不需自行架设基准站。选用GPS接收机进行地形地物的平面坐标数据采集。

③ 通过GPS接收机传输出野外采集的地形地物平面数据,将测量数据生成特定文件格式展绘至AutoCAD成图平台,并采用专业绘图软件绘制成图。

④ 在内业绘图完成后,对存在问题均经过外业巡视、检查,再进行制图完善。对埋设测点使用水准测量,以委托方提供的控制点为起算点,选用精密水准仪配以配套2 m铟钢尺,从该起算点开始分别经过各测量区域,再回到起算点,形成一闭合水准路线,最终得到测点高程。

（6）混凝土结构钢筋锈蚀状况检测

本次检测优先采用半电池电位法,半电池电位法是通过测量钢筋的自然腐蚀电位判断钢筋的锈蚀程度。腐蚀电位是钢筋上某区域的混合电位,反映了金属的抗腐蚀能力。混凝土中钢筋的活化区（阳极区）和钝化区（阴极区）显示出不同的腐蚀电位,钢筋在钝化时,腐蚀电位升高,电位偏正;由钝态转入活化态（锈蚀）时,腐蚀电位降低,电位偏负。

将混凝土中的钢筋看作是半个电池组,与合适的参比电极（铜/硫酸铜参考电极或其他参考电极）连通构成一个全电池系统,混凝土是电解质,参比电极的电位值相对恒定,而混凝土中的钢筋因锈蚀程度不同产生的腐蚀电位不同,从而引起全电池电位的变化,根据混凝土中钢筋表面各点的电位评定钢筋的锈蚀状态。检测依据《水运工程水工建筑物检测与评估技术规范》(JTS 304-2019)和《水运工程混凝土结构实体检测技术规程》(JTS 239-2015)。

混凝土结构钢筋锈蚀状况检测步骤如下:

① 在构件表面以网格形式布置测点,测点纵、横向间距为100 mm—300 mm;当相邻两测点测值差超过150 mV时,适当缩小测点间距;

② 测量前对待测定钢筋的混凝土表面用喷淋的方法预湿,确保测值稳定;

③ 凿除待测构件混凝土保护层,对待测钢筋除锈、擦光;

④ 钢筋腐蚀测定仪正极连接已除锈钢筋,负极连接铜—硫酸铜参比电极,确保电连接良好;

⑤ 开启钢筋腐蚀测定仪,读取并记录腐蚀电位测定值;

⑥ 按测量结果绘制构件表面腐蚀电位图;

⑦ 钢筋腐蚀情况应根据检测数据进行判定;

⑧ 构件上留下的孔洞立即采用高强聚合物砂浆进行修补。

(7)结构水平位移及变形测量检测

本项目采用视准线法,并结合GPS-RTK测定各点坐标。两端点作为视准线的两个基准点(端点),中间设置水平位移观测点。观测时将全站仪置于端点,将仪器照准另一点,将水平制动装置制动。竖直转动全站仪,分别转至各水平位移观测点,用钢尺等工具测得水准观测点至两端点视准线的距离。根据前后两次的测量距离,得出这段时间内的水平位移量。检测依据《水运工程水工建筑物检测与评估技术规范》(JTS 304-2019)、《水运工程测量规范》(JTS 131-2012)和《水运工程水工建筑物原型观测技术规范》(JTS 235-2016)。

结构水平位移及变形测量检测步骤如下:

① 进场后首先对现状进行熟悉,并了解相对应地形地物点的分布情况。了解现场测量条件,建立坐标系、基准点。埋设测点。

② 外业测量采用GPS-RTK测量技术CORS(Continuously Operating Reference Stations)模式。输入当地坐标参数,连接好网络,就可以随时进行测量,不需自行架设基准站。选用GPS接收机进行地形地物的平面坐标数据采集,同时绘制草图,便于内业绘图时清楚了解各地形点的属性、地形要素的连接关系和逻辑关系。所有外业地形测量过程均严格按照工程测量规范要求进行。

③ 通过GPS接收机传输出野外采集的地形地物平面数据,将测量数据生成特定文件格式展绘至AutoCAD成图平台,并采用专业绘图软件绘制成图。

④ 在内业绘图完成后,对存在问题均经过外业巡视、检查,再进行制图完善。对埋设测点再使用视准线法进行水平位移测量。

3.检测进度

本项目的检测内容,按工作条件和检测技术专业,划分为结构外观破损检测、变形和位移测量、结构性能检测三组,检测同步开展,现场投入5人。

外露面结构外观破损检测流程:技术人员结合现场情况安排好检测路线,进行外观全面普查。

变形和位移测量流程如下：

基准点校核——测点布置埋设——测点坐标GPS测量——测点水平位移测量——测点高程水准测量——室内数据统计分析——异常点复测。

结构性能检测流程如下：

检测区域或构件选择——钢筋保护层厚度及钢筋位置检测——混凝土碳化深度检测——钢筋半电池点位检测——回弹法检测——异常点取芯复测——过程中的凿孔进行高强砂浆修复。

船坞检测人员原计划3月底开始进行坞内检测，受上海疫情影响往后推迟。检测人员于2022年6月15日开始进驻船坞，在船坞内检测。检测内容包括：坞内外露面结构外观破损检测、混凝土结构强度检测、混凝土结构碳化深度检测、混凝土结构钢筋保护层厚度检测、混凝土结构钢筋锈蚀检测、结构水平位移测量、结构沉降位移测量等。具体检测方法和步骤参考"杨浦滨江原上海船厂船坞检测实施方案"。检测人员于6月24日完成坞内所有检测（图5.2.3）。

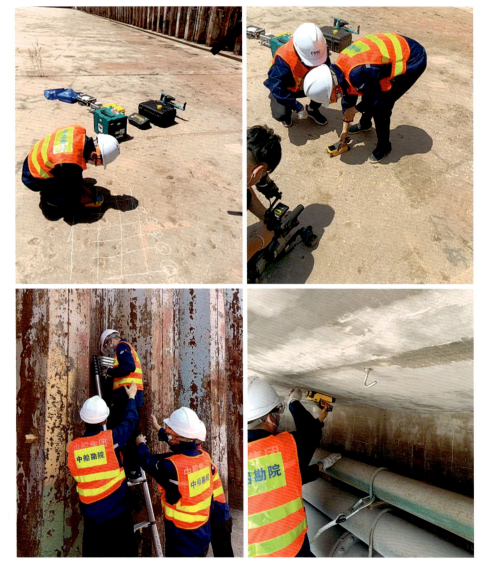

图5.2.3 坞内现场检测图片

4. 检测结果

根据检测结果,坞墙后计算水位按原坞墙排水系统完好、有效考虑。

由于之前船坞长期闲置,缺少维护,钢构件均发生锈蚀,根据后期规划,船坞将改建成古船博物馆,建议尽快启动规划方案,对船坞的钢板桩及拟保留的钢构件尽快进行修复和维护,对不需保留的设施征得业主同意后进行拆除。

整个灌排水施工过程中必须对船坞结构等周边环境进行严密的不间断监测,实行信息化管理,及时掌握施工对周边环境的影响范围和程度,以保证对船坞结构的施工影响在可控范围内。

施工前施工单位制定了船坞保护施工专项方案,并加强施工管理。施工单位针对各种应急预案,应在现场预备抢险物资、设备、人员等,确保每天2小时内能快速及时处理各类施工险情,抢险物资、设备等须经过现场监理验收确认,满足抢险施工要求后方能开展正常施工作业。

5. 结论

根据船坞检测结果,进而对古船进坞工艺荷载对船坞结构的影响分析,建立二维、三维有限元模型,计算施工对其产生的影响。从计算结果看:垂直船坞轴向方向船坞结构的最大水平位移、最大沉降量等变形指标均在安全可控的范围内,坞墙及底板内力满足要求。

综上所述,通过对古船进坞工艺荷载对船坞结构的影响分析,得到如下结论:在正常工作条件下,可将船坞结构变形控制在允许的范围内。本项目施工对船坞的影响满足其变形控制要求,因此在本项目中,坞内设施暂无需进行更换及维保,且我方定期对船坞及周边进行了测量监测,及时掌握了施工期间对船坞内部及周边环境的影响范围和程度,所有测量结果均在设计允许范围内,保证了施工期间对船坞结构的影响在可控范围内。

5.2.2.2　船坞坞门检修

1. 1#坞门介绍

1#坞门于1998年投入使用,此坞门为带潮汐舱的浮箱式坞门,其作用是阻挡船坞外的水进坞,工作近20年,其中在2008年进行过一次大修。自上海船厂杨浦厂区2015年停工至今,坞门已有8年未进行维护保养,部分设备及装置如今出现老化、失效现象,加之常年受腐蚀影响,原材料性能也遭受到了一定程度的破坏,出现了一些影响安全使用的问题,如木质护舷朽化、止水承压剥落等,同时本坞门在2017年与杨浦滨江步道连通,坞门上甲板上部铺设了人行步道,进行过改造。故需要对整个坞门全面检测后做出结构以及沉浮性能评估,以便为坞门开启提供合理化建议。

1#坞门结构为纵骨架式,纵骨间距为500毫米—650毫米,肋骨间距为1 800毫米,两端为1 650毫米。门体结构由三层甲板和底板将坞门分隔成上、中、下三个部分。横断面为方箱形。上甲板上设出入口棚、压载水舱的透气口和操作舱的通风管道口,还设有带缆桩、导缆孔等系泊设备。

　　坞门管路主要设备包括：抽水水泵2台、电机2台，用以排出压载水舱内的水使坞门起浮；中央水舱进水阀门2个，打开阀门后压载水舱进水使坞门下沉；潮汐舱进出水阀门，前后各4个，坞门沉浮过程中阀门全开，潮汐舱通过自流进排水，坞门关闭时，船坞侧的4个阀关闭，水域侧4个阀保持开启，门外江水可随潮位涨落自由进出潮汐舱，以减少潮汐对坞门稳定性的不利影响，确保坞门在最高水位时仍有足够的下压力，避免跳门；坞室进水蝶阀，通过其向船坞注水，方便船舶进出坞室。

　　坞门两面均设有U形止水装置，可两面停靠，止水橡胶带采用Ω形实心止水橡胶带，止水承压垫采用工程塑料。坞门两外板外侧均设置有木质护舷，以便船舶进出坞时，坞门停靠码头（图5.2.4）。

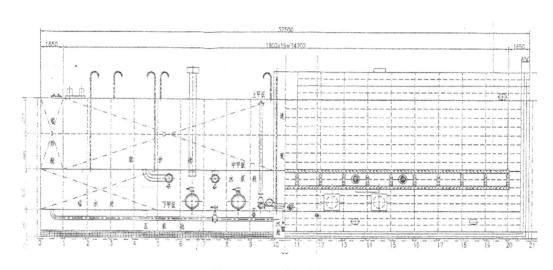

图5.2.4　1#坞门布置图

　　1#坞门主要参数如下：

主尺度：　　　　　长　37.5米

　　　　　　　　　宽　5.2米

　　　　　　　　　高　12.35米（含2米防汛挡板）

轻载吃水：　　　　4.85米

轻载排水量：　　　900吨

门体、附件及设备：314吨

固定压载：　　　　586吨

　　2. 检测内容

　　由于1#坞门年久失修，且常年遭受腐蚀影响，基于安全因素，需对1#坞门能否正常启闭作业进行评估。

　　本次坞门检测内容包括1#坞门上表面、水线以上部分、坞门内可检测部分，按规范进行外观、变形、焊缝探伤、板厚测量等结构检测，水线以下部分合理评估（图5.2.5）。

图 5.2.5 1#坞门检测前照片

3. 检测方法

本次坞门具体检测分为两大块,即外观质量检测与钢结构质量检测,包括:

外观质量检测:目视、焊缝检测尺法;

变形检测:全站仪法;

焊缝无损探伤检测:超声波及磁粉检测法;

板厚测量:超声波测厚法;

(1) 结构外观质量

结构外观质量检测包括:坞门门体结构、管路系统、电气系统以及止水承压装置,护舷、通道斜梯、系泊设备等舾装件(图5.2.6)。

图 5.2.6 坞门外观检测照片

　　坞门顶部因滨江改造铺设步道，导致坞门上甲板被整体遮蔽，无法对其上甲板表面钢板情况进行目视检测。现场情况如图5.2.7所示。但上甲板其他部分依旧可以进行外观目视检查，包括陆侧防汛挡板、江侧防汛挡板、导缆孔、导缆桩等。

　　坞门内部舱室可由坞门上部的出入通道进入，进入后对坞门操作舱内部情况进行目视质量检查（图5.2.8）。

图5.2.7　坞门甲板顶部步道照片

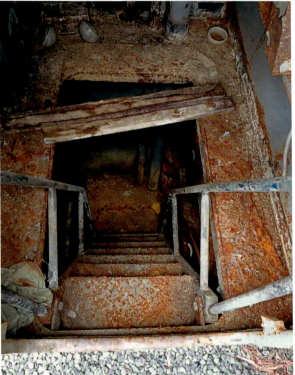

图5.2.8　坞内内部舱室出入通道

（2）坞门钢结构质量

在不对坞门钢结构的安全产生不利影响的前提下，采用专用的检测仪器、设备，对坞门主要金属结构进行现场检测，找出钢结构的内部缺陷，评定其质量和性能（图5.2.9）。坞门钢结构质量检测项目包括：

变形检测：对坞门门体结构总体挠度进行检测，掌握坞门承受总水压力后的弯曲变形情况。对止水承压面承受门槛反力处的结构变形以及每跨肋骨间距内扶强材的局部变形等进行检测，掌握其是否存在结构失稳；

焊缝无损探伤：包括对焊缝表面或近表面的缺陷进行磁粉检测、渗透检测，和对对接全熔透焊缝的内部缺陷进行超声波检测；

钢板测厚：采用超声波原理测量构件的厚度，测量前，对表面进行打磨处理，以减小测量误差。

图5.2.9 坞门钢结构质量检测照片

应用全站仪对坞门内侧左右外板及整体外板的变形情况进行检测，通过测量数据了解坞门陆侧外板及止水面的变形情况。从而推断坞门止水面可靠性。

对坞门钢板对接、角接焊缝抽样打磨，作超声波检测（UT）与磁粉检测（MT）。

对坞门主体钢结构，每块板选取3—5个点，清除表面油漆层、氧化皮、锈蚀等，打磨至露出金属光泽，做超声波测厚检测。

4. 检测进度及结果

本项目的检测内容，按工作条件和检测技术专业，划分为结构外观检测、变形检测、焊缝无损检测及钢板侧厚三组，检测同步开展，现场投入5人。

现场检测人员于2022年7月20日开始对坞门进行检测，历时11天，于7月30日完成坞门外观检测和坞门钢结构质量检测。

由坞门外观检测、钢结构质量检测，两方面现场检测数据和综合分析来看，目前1#坞门整体结构处于稳定状态。

但由于坞门长时间没进行维保，在检测过程中也发现了一些问题，主要问题如下：

（1）坞门上甲板铺设的步道一定会影响坞门沉浮过程中的稳定性

坞门上的甲板步道和绿化带等在今后沉浮作业中，会影响坞门稳性，同时也会影响坞门上甲板的操作作业。根据之前的坞门理论计算，坞门沉浮时本坞门的初稳心高度为1.006米。估算步道（包含铺设的石子及景观）重量为每平方米50千克。上甲板面积约为200平方米，估算步道总重为10吨。根据之前估算的坞门浮心及重心,其差值为0.52米,新增步道后变为0.45米。初稳心高度变为0.94米,小于坞门规范要求的初稳心高度,存在安全风险。坞门今后的沉浮操作过程中,需要在上甲板上进行大量作业,也需要观察坞门两侧与坞壁的情况,现步道板完全遮蔽了坞门与坞壁之间的间隙,严重影响了坞门沉浮作业,因此在开关坞门前需要临时拆除步道和绿化带等多余结构。

（2）坞门内部电气系统及部分泵阀系统失效

坞门内部电气系统及泵阀系统自2015年后未再使用,同时,其维护保养工作也自此停止。现坞门内部温度湿度高,对电气系统存在着极大影响。目视检查后,发现电气设备及泵阀设备存在不同程度的锈蚀。可推断坞门内部电气系统及泵阀系统已经部分失效。即使成功接通电源,坞门泵阀系统也无法正常启动,因此需要对坞门内电气系统及部分泵阀系统进行维修,使其恢复正常使用功能。

（3）坞门上甲板未给导缆孔开设孔洞

坞门沉浮后需要通过导缆孔、带缆桩进行拖带工作使得坞门离开坞口,现在防汛挡板上并未设置导缆孔开口,在开关坞门时拖轮缆绳无法通过导缆孔及带缆桩带缆,影响坞门起浮作业,需要在坞门防汛墙合适位置为带缆开孔。

（4）新制的防汛挡板只有一侧满足防汛高度要求,另一侧高度不足

2017年滨江改造后,将防汛挡板进行了新制。但新制防汛挡板只有一侧高度（靠坞内侧）与坞墙防汛体系高度一致,另外靠江一侧的防汛挡板高度明显不足。如果坞门想要翻面使用,则目前的防汛挡板不满足防汛要求。因此今后开关坞门时不能翻面使用,否则需要加高靠江一侧的防汛挡板至与坞墙防汛体系高度一致。

（5）坞门靠江侧新制护舷无法在坞门起浮时靠船,其结构并非坞门靠船的护舷形制,其在拖带过程中可能存在损坏的风险

2017年滨江改造后,为防止黄浦江一侧船舶误靠坞门,滨江改造工程在坞门江侧表面设置一排护舷。但此种护舷规格并非坞门拖带时使用的钢护舷。其设计结构只有若干块板与坞门连接,并非可拖带的受力结构。

（6）止水橡胶发生变形

坞门内侧止水橡胶已近8年没有维保和更换过,部分止水橡胶发生变形,需要更换坞门内侧和底部的止水橡胶,以保证坞门启闭后的密封性。

以上为影响坞门起浮及密封的问题,需要根据坞门沉浮作业的要求来进行相应的修改、维修或加固工作。

5.2.2.3　船坞坞门维修

根据坞门检测结果,目前1#坞门整体结构处于稳定状态。但坞门还存在一些问题需要在开启前逐一解决,才能满足坞门沉浮条件、试开坞门。以下是本项目针对坞门发现的问题采取的解决措施。

1.坞门上甲板铺设的步道会影响坞门沉浮过程中的稳定性

在坞门第一次开启前，我于10月8日开始拆除滨江步道、绿化带及相关管线，至10月23日完成坞门上所有多余结构与管线的拆除工作，将坞门上的多余结构全部清除，保证了坞门的整体稳性符合设计要求（图5.2.10）。详见5.2.5节。

图5.2.10 坞门顶部步道拆除图片

2.坞门内部电气系统及部分泵阀系统已经失效

我方维保人员从2022年7月20日开始进入坞门内，对电气系统及泵阀系统进行检查维修，维保对象包括：2台卧式双吸离心泵、2台水泵电机、2个坞门进水电动闸阀、2个坞门出水闸阀、4个坞室进水电动蝶阀、8个潮汐舱进出水电动蝶阀以及电路系统等（图5.2.11）。

8月14日，坞门电气系统及泵阀系统维保工作完成，并完成了调试工作，保证了后面三次坞门正常启闭。

图5.2.11 坞门内设备维保图片

图5.2.12 坞门防汛挡板开导缆孔图片

图5.2.13 坞门顶部防汛挡板

3. 坞门上甲板防汛栏未给导缆孔开设孔洞，导缆孔存在损坏

解决方案：施工人员于2022年10月中旬在拆除坞门顶部步道期间，对坞门两侧防汛挡板开导缆孔，并对开孔进行了包边，防止缆绳磨损，确保拖轮缆绳能顺利通过导缆孔带缆至带缆桩上（图5.2.12）。

4. 新制的防汛挡板只有一侧满足防汛高度要求，另一侧高度不足

本项目施工方案中三次开、关坞门都不会翻面使用，这样保证了靠船坞内侧防汛挡板的高度与坞墙防汛体系高度一致（图5.2.13）。

5. 新制护舷无法在坞门起浮时靠船，其结构并非坞门靠船的护舷形制，拖带过程中可能存在损坏的风险

解决方案：施工人员于2022年10月中旬在拆除坞门顶部步道期间，完成了1#坞门靠江侧的护舷切割移除，避免了拖轮拖带坞门过程中可能存在的损坏风险（图5.2.14）。

图5.2.14 1#坞门靠江侧护舷切割前后图片

6. 坞门内侧止水橡胶发生变形

1#坞门内侧及底部止水橡胶包括橡胶止水带、承压垫底板、螺栓以及压板，如图5.2.15、图5.2.16所示。

图5.2.15 承压垫及止水橡胶

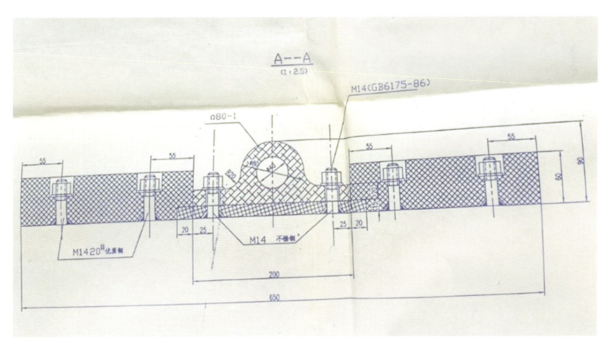

图5.2.16 止水橡胶图纸

止水橡胶拆除步骤如下：

（1）拆除橡胶条及承压垫

切除旧螺栓

水上部分螺栓用等离子切割机配合电刨切除；水下部分用水下切割设备（螺母破拆器或电氧切割）拆除旧螺母（M14），将Ω橡胶条整体取出。再用电锯将承压垫板分片锯断拆除，然后用水下切割机将螺栓整根切除。

打磨

水上部分切割完毕后将所有切割处用抛光机和砂纸磨平，为焊接新螺栓打好基础；水下部分将所有切割处用水下液压打磨机和液压刷磨平。

焊接新螺栓

在坞门止水位置划线，用钢卷尺水下拉开，按照图纸用防水油漆笔依次点出焊点位置。水下部分用水下焊机将螺栓焊到点位上，水下焊接设备和施工要保证焊接到位。焊脚高度不能大于3 mm。

橡胶条划线打孔

依据螺栓数据现场划线，配钻打孔。

（2）安装新承压垫及橡胶带

用汽车吊将分段的承压垫和整根的橡胶带吊放到水下安装位置，依据从一侧至另一侧的顺序安装。将橡胶带孔位准确安到螺栓上；将金属压板安装到橡胶条的两个侧边位置；将螺母垫片预拧紧；用钢卷尺测量整体长度的平整性，标记不平整的部位，进行局部调整。依照以上顺序安装两侧及底部止水橡胶带。

1#坞门于10月30日第一次成功开启并拖至1#坞内靠西侧坞墙，坞门带缆固定后，潜水员开始更换坞门内侧面和底部的止水橡胶，于11月8日顺利完成止水橡胶更换（图5.2.17）。

图5.2.17　1#坞门更换止水橡胶

止水橡胶更换完成后,1#坞门于11月9日进行了第一次试关闭(图5.2.18),关闭过程顺利,坞门关闭后,坞门及坞内没有发生渗水、漏水现象,至此,1#坞内及坞门的检测及维修保养工作全部成功完成。

图5.2.18 第一次试关坞门

5.2.3 坞内准备工作

在"奋力"轮进坞前,1#坞内需要对留存的钢结构及其他杂物进行清理,以免影响"奋力"轮进坞。同时需在坞内布置马鞍底座和坞墩,分别作为古船和"奋力"轮的底座。以下分别介绍本项目的坞内清理、马鞍底座及坞墩布置情况。

5.2.3.1 坞内清理

在项目实施之前,1#坞内北侧留存有非本项目的钢结构,这些钢结构会影响"奋力"轮进坞,因此需要提前清除。除了这些钢结构,由于船坞属于废弃旧坞,长期无人清理,因此产生的垃圾、杂草等都需要清理干净。

2022年6月上海疫情开始好转,施工人员开始进场清理坞内垃圾及其他杂物,7月初基本清理干净。船坞内北侧钢结构于10月中旬开始拆除,历时10天完成拆除工作。

5.2.3.2 马鞍底座

"奋力"轮进坞后,"奋力"轮运送的古船及弧形梁整体将放置在上海船厂旧址1#船坞内的马鞍底座上。

由于弧形梁底部是半圆弧形,因此马鞍底座与弧形梁的接触面也须是同样的半圆弧形面。马鞍底座的设计强度满足承重超过10 000吨,马鞍底座自身重量830吨,以满足古船和弧形梁系统总重8 800吨的承重要求。底座底面受力均匀,设计工作年限50年,建筑抗震设防类别丙类,地基基础设计等级丙级,抗震等级四级,主要结构材料混凝土强度等级C35。结构采用现浇钢筋混

图5.2.19　钢结构拆除前　　　　　　　　　　图5.2.20　钢结构拆除后

凝土结构,钢筋接头采用搭接绑扎连接(图5.2.19、图5.2.20)。

古船马鞍底座外形尺寸如图5.2.21所示,其中底面总长度42米,宽度16米。马鞍弧形面最高点距底面1.3米,最低点距底面0.55米。

现场施工过程中现场监理对施工过程严格把关,对施工过程中不符合设计要求项立即提出并马上整改,故施工质量得到了保证。马鞍底座施工过程如下:

1. 模板

基础采用木模板,木模板表面刨光,模板表面均涂刷隔离剂,以利拆模和保证结构表面平整。结构特殊的部位采用木模配制,采取放样制作,以保证模板制作准确。

2. 钢筋

(1)钢筋进场有出厂质量合格证及复试报告。钢筋集中下料加工,现场人工绑扎。其制作绑扎必须满足设计图纸和施工规范的要求。

(2)钢筋绑扎前,首先将垫层清理干净,钢筋绑扎采用"梅花"扣,绑丝拧紧,且不缺扣,确保钢筋骨架牢固;绑扎铅丝头向里按倒,不得伸向钢筋保护层。

(3)由于钢筋上下层间距较大,为保证钢筋绑扎及砼浇筑过程中钢筋骨架结构尺寸及保护层厚度满足设计要求,上下层钢筋与箍筋焊牢,用水准仪控制标高。钢筋底部、侧面设置保护层垫块,每平米垫块数量不少于3块,确保钢筋骨架在砼浇筑过程中不发生位移;垫块的抗压强度为C35。

(4)现场钢筋接长采用绑扎搭接,接头处理符合规范要求。绑扎过程中,为防止脱模剂污染钢筋,绑扎允许偏差严格按照《水运工程质量检验标准》(JTS 257-2008)施工。

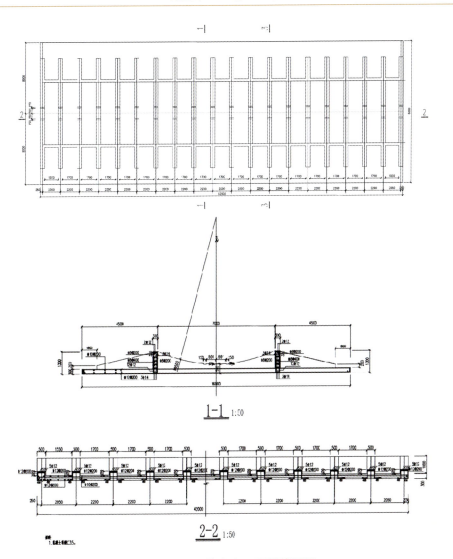

图5.2.21 马鞍底座平面及截面图

（5）钢筋绑扎结束后，将铅丝等杂物清理干净，验收合格后挂牌进行标识，且注明部位、完成时间、操作者、检验状态。

3. 混凝土

（1）砼的供应：采用商品砼，汽车泵浇筑。

（2）砼的运输：搅拌车运输。

（3）当浇筑厚度大于50 cm时，为保证振捣密实，本工程采用分层浇灌、分层捣实，并在下层拌合物凝固之前，将上层拌合物浇灌和振捣密实，其浇筑厚度不大于振捣棒作用部分长度的1.25倍（图5.2.22）。

图5.2.22 浇灌混凝土前钢筋工程

（4）浇筑砼的最长间歇时间将按所用水泥品种及砼凝结条件确定，不超过下表：

砼浇筑时气温（℃）	允许间隔时间（min）	
	普通硅酸盐水泥	矿渣硅酸盐水泥、火山灰硅酸盐水泥
20—30	90	120
10—20	135	180
5—10	195	—

注：本表包括砼的运输和浇筑时间，未包括特殊施工所采取的措施。

①振捣方式与砼面垂直或斜向振捣，振捣器插入下层砼10厘米左右。

②振动棒的排列按行列式或交错式排列。每一插点的振捣时间为20—30秒，并以不出现气泡为止，对于拌合物不能直接到达的边、角等部位，将采用人工平舱，严禁采用振动器平舱。对于振动后砼表面出现的泌水，用人工清除。

（5）砼的养护：

在平均气温高于5℃的条件下，用塑料布或土工布把砼覆盖并适时浇水，使砼在规定时间内有足够的养护水分，养护时符合下列规定：开始养护时间由温度决定，当最高气温低于25℃时，浇捣完毕12小时内加以覆盖、浇水养护；当最高气温高于25℃时，浇捣完毕6小时内加以覆盖、浇水养护。

浇水养护时间的长短：对于普通水泥或矿渣水泥拌制的砼，将不少于7昼夜；对于掺有缓凝型外加剂或有抗渗要求的砼，不少于14昼夜。

马鞍底座于2022年9月1日开工，2022年9月26日竣工。其混凝土式样及抗压强度检测报告均符合设计要求（图5.2.23）。

图5.2.23　浇灌混凝土后马鞍底座照片

图5.2.24　古船及弧形梁系统座底马鞍底座照片

古船座底在马鞍底座上后,马鞍底座无可见裂纹,整体状况良好,也证明了马鞍底座设计和施工的质量可靠(图5.2.24)。

5.2.3.3　"奋力"轮坞墩

"奋力"轮进坞后,将座底在坞墩上,以防止船底与坞底直接接触损坏船体。坞墩布置既要考虑"奋力"轮进场后船尾切割前的重量,又要考虑船尾切割提升后的重量布置,坞墩布置设计图如下(图5.2.25):

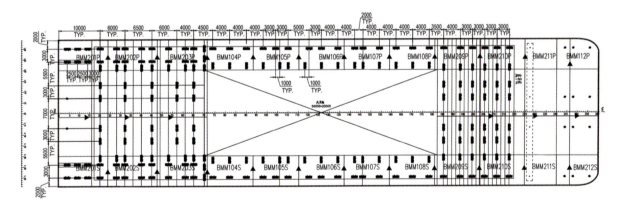

图5.2.25　船坞坞墩布置图

从坞墩布置图上可以看出,全船共布置坞墩194个,高支撑16个。每个坞墩高1.3米,上铺0.1米高的木枕,以避免"奋力"轮落座时与坞墩碰撞受损。2022年11月9日,坞墩运送至船坞,开始按照设计图纸布置坞墩,于11月20日完成坞墩布置(图5.2.26)。11月22日完成坞墩上木枕布放及固定工作。

2023年1月8日"奋力"轮出坞后,坞墩及高支撑于1月9日全部复员,坞内清理也于当天完成,至此,本项目坞内工作全部完成。

图5.2.26　坞内坞墩布置图　　　　　　　　　图5.2.27　"奋力"轮底座

5.2.4　坞口疏浚

长江口二号古船整体迁移作业完成后,由"奋力"轮运输长江口二号古船进原上海船厂1#船坞(图5.2.27)。为保证进坞工作的顺利进行,须提前对上海船厂旧址1#干船坞坞口前上下游方向古船进坞路线区域进行水深测量以及疏浚作业,确保1#坞门能够正常开启关闭以及"奋力"轮顺利进出坞口(图5.2.28)。

图5.2.28　坞内坞墩复员

5.2.4.1　坞口水深测量及疏浚范围

坞口清淤前,首先需要对坞口清淤区域进行水深测量及淤泥采集化验,掌握坞口水深信息。水深测量人员于6月1日下午用单波束测深仪对坞口进行了测量,化验人员对坞口淤泥进行了采集,并将采样化验报告提交至生态环境部太湖东海流域生态环境监督管理局,申报"废弃物海洋倾倒许可证"。

水深高程测量使用RTK-GPS与数字化测深系统相组合的水下高程测量船,按照走航式方法,进行了疏浚前的测量,绘制了2米×2米测点地形图(详见图5.2.29)。

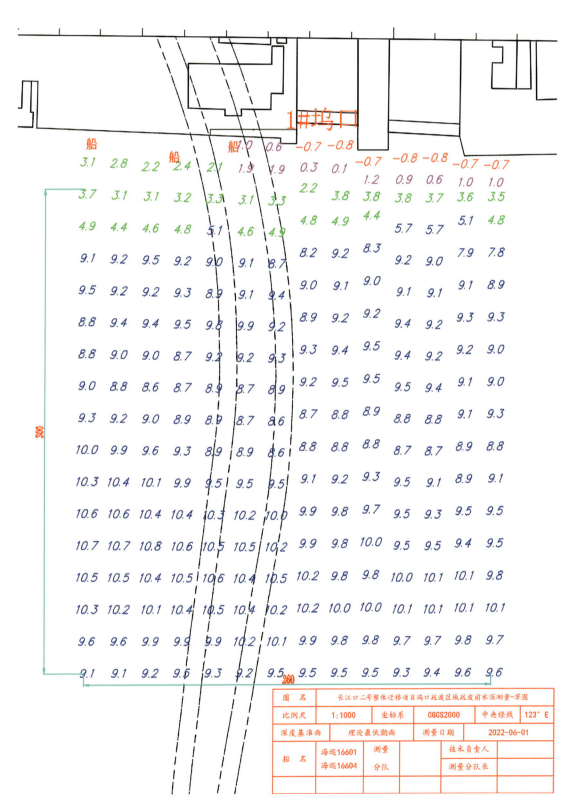

图5.2.29 坞口水深测量结果

　　由于坞门底部标高为-5.3米,"奋力"轮进坞时吃水-4.8米,因此,坞口水深不能高于-5.3米。从水深测量图上可以看出,坞门迎水侧滩面已严重淤高,从原设计时-5.3米淤积至0.0米标高以上,不满足坞门开启关闭以及"奋力"轮的进坞要求,需要进行清淤。

　　根据施工时坞门开启关闭以及"奋力"轮船队进坞的要求,本项目坞口清淤范围如下图所示,清淤面积约8 832平方米,清淤区域水深不小于5.3米(理论最低潮面基准。图5.2.30、图5.2.31)。

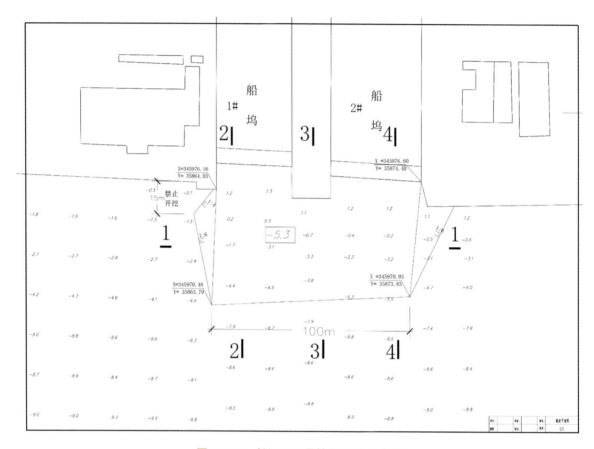

图5.2.30　长江口二号挖泥区域示意图

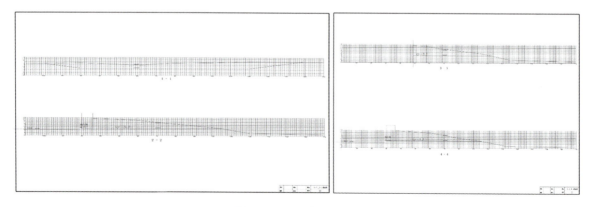

图5.2.31　疏浚断面图

5.2.4.2 清淤过程

坞口清淤分为两个阶段,第一次是试开坞门清淤,确保1#坞坞门打开关闭无障碍;第二次为"奋力"轮进坞前清淤,确保"奋力"轮顺利进船坞。

根据太湖流域东海海域生态环境监督管理局(上海)的废弃物倾倒许可证规定,坞口挖出的淤泥运到长江口海域疏浚物海洋倾倒区−3#倾倒区。在施工全过程保持对运泥驳AIS设备进行检查监控,全过程开启海洋倾废记录仪,保持正常工作状态,并对泥驳船员进行交底,要求船员签订承诺书,明确奖罚措施,确保按照批准的抛泥点进行抛泥,从而做到降低环境污染,保护海洋环境。

根据本项目清淤施工条件、疏浚深度及工程量分布特点,结合施工工艺和以往的施工经验,坞口疏浚施工主要工艺流程如下:

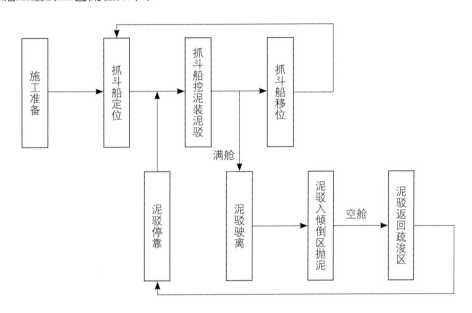

本工程开挖采用一艘13立方米的抓斗挖泥船(其中一艘8立方米备用),并配置5艘1 000立方米自航泥驳进行挖、运、抛工艺。抓斗挖泥船一般开挖深度为15米,最大挖深20米,完全满足本工程最大挖深的需要。抓斗挖泥船施工时靠锚泊系统定位。垂直挖泥区分条分层自上而下有序开挖,每层厚度2米,每条宽度约18米,条与条间重叠2米。最后一层按设计高程加0.2米控制开挖。在边坡控制上,按设计坡度分台阶施工,按照"下超上欠,超欠平衡"的原则进行开挖,以达到边坡设计要求并有效控制超开挖量,边坡比为1∶6。开挖槽面不留浅点,施工超深控制在允许范围内。

在坞口前沿疏浚施工期间,运泥船进出档位比较频繁,安全风险相对较高。本次疏浚工程所属区域船舶来往频繁,特别是涨潮时进港船舶流量集中,给施工带来了一定难度,因此通航安全是本工程的重中之重。为此在施工区上下游设置一条警戒船,船上日夜显示警告信号,提醒过往船舶注意避让,确保水上航道畅通。施工船舶正确显示旗号和灯号,提醒过往船舶减速慢行。在避让通航高峰时间段,施工船舶尽量贴近浅水区,减少对其他通航船舶的影响。另外,紧急情况下,将施工船舶调离施工现场。

　　在得到上海水务局行政许可、生态环境部太湖东海流域生态环境监督管理局批复的废弃物海洋倾倒物许可证、上海海事局批复的施工许可证、通航证后，疏浚船队于9月27日航行到达1#坞口附近，抛锚布场后，开始对坞口清淤区域进行清淤。至10月29日，坞口第一次清淤工作完成，此后，船队继续在现场待命，配合第一次开坞门准备工作。至10月30日，坞门开启前，为不影响拖轮进场开启坞门，疏浚船队撤离现场（图5.2.32、图5.2.33）。

　　第二次清淤于11月15日开始，至11月22日完成所有疏浚工作。之后由第三方专业测量单位上海海洋地质勘察设计公司对疏浚区域按照走航式方法进行了水深测量。水深高程测量使用RTK-GPS与数字化测深系统相组合的水下高程测量船，进行浚后效果测量，绘制2米×2米测点地形图。经测量数据分析，疏浚区域内水深都不高于−5.3米，符合设计要求（详见图5.2.34）。

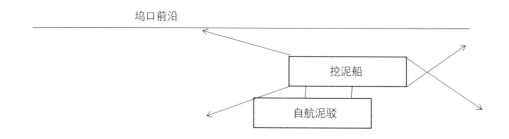

疏浚土运送至长江口3号海洋废弃物临时倾倒区

图5.2.32　疏浚施工平面图

图5.2.33　现场疏浚

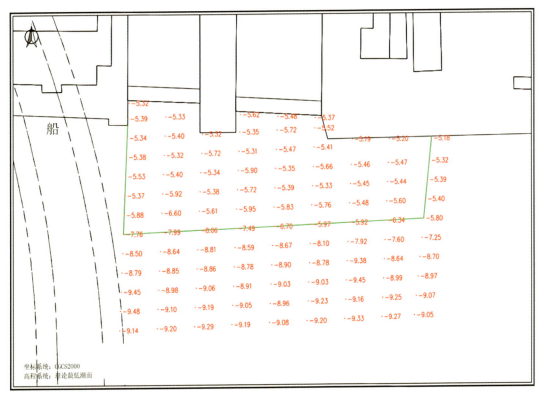

图5.2.34 浚后水深测量图

5.2.5 坞门开关及步道拆除与修复

5.2.5.1 主要工作概述

本项目从2022年10月8日开始对步道进行拆除,至2023年2月25日完成最后恢复,贯通滨江步道,历时130天,其间完成了三次坞门的开启与关闭、"奋力"轮运输古船进坞等重要节点。

第一次为步道拆除和坞门试开启阶段。从10月8日开始拆除滨江步道,至23号完成坞门上所有多余结构的清除。并在10月30日完成了第一次坞门开启(10月23—29日业主通知因为有其他原因暂不开坞门),并由拖轮将坞门拖至1#船坞内,靠坞壁用缆绳固定,10月31日至11月8日,对1#坞门靠船坞侧止水橡胶进行了更换,并于11月9日完成了第一次坞门关闭。第一次坞门关闭作业完成后,滨江步道临时恢复贯通。

第二次开关坞门为古船连同"奋力"轮进坞阶段。坞门马鞍底座和坞墩布置完毕,坞内所有准备工作完成,并由潜水员对坞口前的少量积淤进行了清理。坞门上滨江步道于11月20日临时封闭,1#坞门于11月23日第二次开启,等待"奋力"轮运送长江口二号古船进坞。11月25日上午10:55,拖轮船队拖"奋力"轮及古船到坞口,随后拖轮协助"奋力"轮转动至与船坞平行,通过带缆、"奋力"轮绞车绞缆方式进坞,直至14:00古船到达马鞍底座正上方,随后启动液压提升装置,古船于当天晚上19:18座底马鞍底座上。随后,11月26日完成第二次坞门关闭,"奋力"轮也于26日晚上19:09座底坞墩上。11月28日步道第二次临时贯通。

第三次开关坞门为"奋力"轮出坞阶段。2023年1月4日，步道临时关闭，为坞门开启做准备工作。第二次关坞门与第三次开坞门期间，船坞内完成了坞内清理、坞墩复员、"奋力"轮船尾切割、"奋力"轮船尾提升、纵梁外侧突出结构切除等工作。2023年1月6日完成坞门第三次开启，1月7日"奋力"轮顺利出坞，1月8日完成坞门第三次关闭，至此，坞门三次启闭工作全部结束，"奋力"轮也完成任务复员。

由于疫情等因素影响，步道恢复原貌工作于2月1日开始，4月26日全部完工，至此，整个项目所有工作全部完成。具体工期如下：

事 项	时 间 进 度		
	启 动	完 成	备 注
1#坞门上步道临时拆除	2022年10月8日	2022年10月23日	
第一次坞门试开启关闭	2022年10月30日	2022年11月9日	10月23—29日业主通知因为有其他原因暂不开坞门；10月31日至11月8日更换坞门止水橡胶。
第二次坞门试开启，"奋力"轮运送古船进坞	2022年11月23日	2022年11月28日	期间"奋力"轮运送古船顺利进坞并落座。
第三次坞门开启，"奋力"轮出坞	2023年1月6日	2023年1月8日	期间"奋力"轮顺利出坞复员。
步道恢复原貌	2023年2月5日	2023年4月26日	

5.2.5.2　步道拆除与恢复施工

由于本项目有三次开关坞门，不可避免地造成了滨江步道通行的中断，在得到有关行政部门许可后，项目实施了1#坞门上的滨江观光步道拆除、两次步道临时恢复以及最后原貌恢复步道等阶段。为尽量缩短滨江步道中断通行的时间，在第一、二次关闭坞门后，对坞门步道进行了临时恢复，在第三次关闭坞门后，按原貌恢复滨江步道（图5.2.35、图5.2.36）。

图5.2.35　1#坞门步道原貌图片

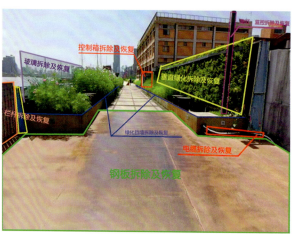

图5.2.36　拆除部位示意图

　　1#坞门顶部原貌有部分景观结构，如绿化、防腐木栈道、钢板栈道等；部分安全设施，如玻璃栏杆、钢制栏杆、绿化土挡土墙；电气及监控设施，如栏杆灯、景观灯、监控设备、电气控制箱，以及沿江风光带所需要的自来水管、光纤、电缆。坞门第一次开启前，须对前述结构进行拆除，以保证坞门的顺利开启及安全开启。

　　第一次封闭路段从毛麻仓库码头中间位置至2#坞门西侧防汛门，见图5.2.37示意图。由于第二、三次开坞门后，坞门停靠在2#坞门前并带缆固定，因此第二、三次封闭路段范围也包括2#坞门，从毛麻仓库码头中间位置至2#坞门东侧，见图5.2.38示意图。待坞门关闭后，再临时恢复步道，实现步道临时贯通。

图5.2.37　坞门步道临时封闭路段

图5.2.38　坞门第二、三次步道临时封闭路段

　　1.步道拆除施工步骤

　　（1）在施工区域两侧用固定式封闭施工围挡对施工区域进行围挡、悬挂施工及安全标示，其中围挡高1.8米，禁止外来人员进入施工区域。施工区域内，临水侧设立了临时围挡，防止人员落水（图5.2.39）。

　　（2）人工配备小型机械进行坞门上部绿化、玻璃栏杆、步道拆除，拆除后垃圾外运。原步道两侧的防汛墙不拆除，仍然作为步道围挡，在迎江侧另加高临时围挡至距步道底部2米，以防止人员落水。建筑垃圾外运须符合上海市环保标准，严禁非法处置（图5.2.40）。

　　（3）坞门步道两侧的景观灯、栏杆灯、监控、音响、光纤、电缆，由所有权单位制定拆除方案后自行拆除。以避免盲目拆除，造成黄浦江滨江风光带其他区域的监控设施、景观灯具的无法使用。

图5.2.39　封闭施工围挡示意

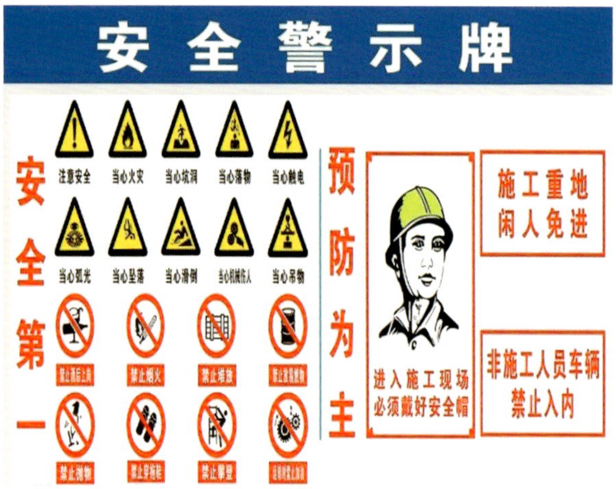

图 5.2.40　安全标语及警示牌

（4）用氧焊切割与坞门连接的钢板、钢制栏杆、绿化挡土钢板、导缆孔等金属结构，便于坞门拖移。切割前对连接件进行详细分析，防止对坞门主体结构造成破坏。切割人员持证上岗，进场前进行提前报备。

（5）待上述附属结构拆除完成后，坞门开启前，进行坞门两侧止水钢板的切割拆除工作（图 5.2.41）。止水钢板高度 8.5 米，通过搭设脚手架进行高空作业。高空作业过程中做好安全措施，操作人员配备安全绳，防止高空坠落事件的发生。

2. 坞门步道临时贯通步骤

（1）第一次坞门关闭后，原步道两侧的防汛墙仍然作为步道围挡，靠江侧的玻璃围挡拆除后用临时围挡加高至距步道底部 2 米，防止人员落水。

（2）坞门关闭后与码头两侧存在缝隙及高差，为保证行人安全，在连接处进行钢板铺设，钢板下方使用碎石找平，保证钢板铺设的平整度（图 5.2.42）。

（3）原坞门内外侧防汛墙与滨江风光带栏杆通过钢制栏杆连接，在坞门关闭后，同步恢复此处钢制栏杆的连接，确保行人安全，防止坠江意外的发生。钢制连接栏杆安装完成后，拆除滨江步道两侧的施工围挡，恢复滨江步道的临时通行。

图 5.2.41　坞门内侧止水钢板

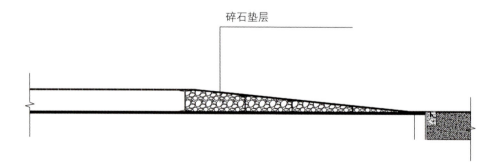

碎石垫层

图 5.2.42　钢板铺设及碎石垫层示意图

（4）第二次开启坞门前，第二次对滨江步道两端设立施工围挡，悬挂安全标语。第二次拆除坞门两端的搭接钢板及钢制连接栏杆后，开启坞门。

（5）第二次关闭坞门后，第二次恢复玻璃围挡，连接钢制栏杆，铺设搭接钢板，拆除滨江步道两侧的施工围挡，恢复滨江步道的临时通行。

（6）第三次开启坞门前，第三次设立施工围挡，拆除搭接钢板及连接栏杆，开启坞门。第三次关闭坞门后，按设计原样恢复滨江步道（图5.2.43）。

图5.2.43 现状栏杆连接图

3. 步道原貌恢复步骤

（1）坞门最后一次关闭后立即对坞门上部原始结构进行复原。

（2）首先对坞门内侧止水钢板进行焊接。提前加工好所需的止水钢板，运送到施工现场，报监理公司查验，查验合格后方可实施焊接。电焊工持证上岗，并提前上报至监理公司。焊接过程中，由于是高空作业，提前搭设脚手架，施工人员系好安全绳。

（3）进行坞门上部连接钢板的焊接，焊接前使用汽车吊，将连接钢板吊至指定位置，确认位置正确后，开始焊接。焊接保证一次性成形，焊缝牢固。

（4）上述2和3完成后，坞门即与坞门两侧步道固定完毕，开始后续结构的施工（图5.2.44）。

图5.2.44 坞门顶部步道恢复

（5）要求原步道上的电气设备、自来水管理单位优先进行电气管路和自来水管路的预埋铺设,避免其他结构安装完成后,进行二次拆除。

（6）进行钢制栏杆立柱、绿化挡土钢板、导缆孔等金属结构焊接,焊接前进行详细定位,放线完成后方可焊接。焊接材料提前报监理审核,查验合格后方可进行焊接。焊接过程中,使用汽车吊辅助施工,协助金属结构进行就位。

（7）所有金属结构焊接完成后,对所有金属结构及其焊缝进行防锈处理,刷防锈底漆,选择跟原坞门结构颜色一致的面漆进行两遍涂刷。

（8）回填绿化种植土、碎石垫层（图5.2.45）。

图5.2.45　坞门顶部回填绿化种植土、碎石垫层图片

（9）防腐木、玻璃栏杆、金属栏杆安装。安装前对采购产品进行报验,保证产品的外观、质量、型号与拆除前一致后,进行安装。

（10）绿化种植,绿化送至现场,经监理部查验,确保跟拆除前品种一致方可种植。

（11）拆除滨江步道两侧围挡,清扫施工区域。

坞门顶部步道最后原貌恢复工作于2023年2月5日开始,至4月26日完成。至此,本项目所有工作全部完成。

5.2.5.3 坞门启闭作业

本项目共完成三次坞门开启、关闭作业。第一次坞门开启关闭测试、第二次开关坞门为"奋力"轮运送古船进坞、第三次开关坞门为"奋力"轮出坞。坞门启闭流程如下。

1. 坞门开启前准备工作

（1）船坞两侧设置卷扬机（10吨）两台，钢丝绳两根，长度200米，直径28毫米。

（2）开启前，操作总指挥安排坞门所有操作工及拖轮船长开会讨论，明确各操作工职责及拖轮职责，确保通讯畅通，设有总指挥在坞门上统一协同指挥（绑靠坞门缆绳提前购买）。

（3）扫测坞门前沿口水域、拖航途经水域、临时靠泊码头水域的泥面标高是否低于−5.3米，如不足则须进行挖泥疏浚。

（4）潜水员对坞门所有阀门口、注水口进行水下疏通，保证管路通畅。

（5）坞门开启作业期间，选择高潮期，最低水位不低于+2.6米，风力不大于6级。

（6）坞门靠泊码头使用直径50毫米×80米×4根尼龙缆绳和撇缆绳2根备妥，并置放在坞门上。坞门上需配置4人施放缆绳，码头上配置4人接收缆绳，并听从拖航指挥人员指挥将坞门靠码头后系泊牢固。

（7）坞门与坞室的防汛构件全部拆除。

（8）坞门两端与坞墩两端之间，加设保险系缆绳2根，牵拉住坞门，防止坞门上浮瞬间坞门往外漂移。

（9）坞门岸电动力电缆接妥，相序检查确认正确。

（10）坞门所有电气控制检查，动作可靠，所有阀门开闭度都在正确的位置。操作人员两名，听从坞门外指挥人员指令，执行操作。

（11）配置观察人员，专门负责观察坞门的吃水变化及排水泵出口流量，随时将信息反馈给指挥人员。

（12）参加操作、指挥的人员均须配置对讲机，并统一对讲机通话频点，确保通讯良好。另需配备两台对讲机应急。

2. 1#坞门上浮开启操作

（1）打开1#坞门的三个注水蝶阀（另有一个注水蝶阀损坏），向坞内注水，直至坞门内外水面齐平。关闭注水蝶阀（图5.2.46）。

（2）打开坞内、外侧潮汐舱进出水阀（共8个电动蝶阀）。

（3）水舱连通管闸阀常开（二组共4个电动闸阀），坞门灌水闸阀（2个电动闸阀）呈关闭状。

（4）泵出口闸阀（1个手动闸阀）常开。

（5）启动水泵排水，坞门逐渐上浮。

（6）坞门起浮完毕，关闭全部排水阀（图5.2.47）。

（7）关闭动力电源和控制电源。

（8）拆除坞门岸电动力电缆。

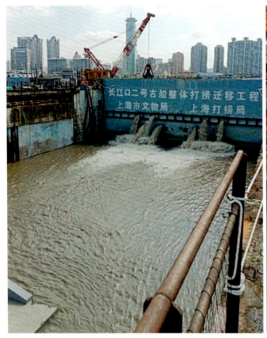

图5.2.46　船坞注水

图5.2.47　船坞排水

（9）卷扬机缓慢拖移坞门至码头前沿。

（10）在码头前沿处，拖轮"沪救16"按要求绑拖1#坞门，拆除坞门两端的2根保险系缆绳，撤离不必要的操作人员。

（11）由拖轮"沪救16"缓慢平稳地将坞门移出，拖轮拖行1#坞门至2#坞门口。

（12）用4根缆绳对1#坞门带缆固定，此后拖轮解绑离开，1#坞门开启完成（图5.2.48）。

图 5.2.48 坞门开启

3. 1#坞门关闭前准备工作

（1）坞门关闭作业期间，选择高潮期，最低水位不低于+2.6米，风力不大于6级。

（2）指派潜水员潜水探测坞口区域，清理所有有碍坞门正常就位的杂物。

（3）坞门岸电动力电缆备妥。

（4）装配妥10吨卷扬机2只，固定在坞门两端侧，2根直径28毫米×200米钢丝绳串接坞墩绞缆机，用于控制将坞门绞入坞口。绞缆机操作人员配备对讲机听从指挥人员操作，不得擅自动作。

（5）配置两名观察人员，专门负责观察坞门的吃水变化，随时将信息反馈给指挥人员。

（6）参加操作、指挥的人员均须配置对讲机，并统一对讲机通话频点，确保通讯良好。另需配备两台对讲机应急（图5.2.49）。

4. 1#坞门的下沉关闭顺序

（1）由拖轮"沪救16"将坞门自靠泊码头拖行至码头前沿处稳住，连接好绞缆机与坞门上滑车的钢丝绳。

（2）在指挥人员指令下，操作绞缆机控制坞门，慢慢将坞门绞入坞口。

图 5.2.49 坞门关闭

（3）接妥坞门岸电动力电缆，相序检查确认正确。

（4）坞门操作人员进入泵阀舱接通控制和动力电源，检查所有阀门开闭度都在正确的位置。

（5）潮汐舱两侧进水阀全打开（二组共8个电动蝶阀）。

（6）水舱连通管闸阀常开（二组共4个电动闸阀）。

（7）打开坞门灌水闸阀（2个电动闸阀），坞门水舱进水，坞门开始逐渐下沉。

（8）如有纵倾，关闭低端水舱连通管闸阀（一组共2个电动闸阀），待坞门纵倾消失后再打开。

（9）坞门座落后，关闭坞门灌水闸阀（2个电动闸阀）。

（10）关闭坞两侧潮汐舱进出水蝶阀（两组共8个电动蝶阀）。

（11）关闭坞室注水蝶阀（3个电动蝶阀）。

（12）适当张紧拖缆机与坞门的连接钢丝绳，使坞门止水带紧贴坞口止水面。

（13）开启排水泵，排出坞室内的水（图5.2.50）。

图5.2.50　船坞排水

（14）观察坞门内外两侧的吃水差，只要形成吃水差说明坞门已正确关闭。

（15）关闭动力电源和控制电源，检查所有阀门开闭度都在正确的位置。

（16）拆除坞门动力电缆和拖缆机连接的钢丝绳，撤离操作人员。

（17）拖轮"沪救16"撤离现场。

（18）待坞内水排完后，施工人员清理坞内淤泥（图5.2.51）。

图5.2.51　坞内清理淤泥

5.3　"奋力"轮进出坞

5.3.1　"奋力"轮进坞

2022年7月15日,"奋力"轮在上海打捞局横沙码头交付之后,立即开始了提升油缸就位的准备工作,将12套液压泵站分别布置在专用提升基座左右,46套额定提升力350吨的提升油缸布置在月池上部的提升基座受力开口,并将底锚悬挂好。同时备用了2只提升油缸及液压油管、电缆若干。配合提升作业的2台发电机组及配电箱、8只锚机系统以及集中监控系统都已准备妥当。

全部准备工作完成后,"奋力"轮在横沙码头待命,等待现场具备提升条件(图5.3.1)。

2022年11月16日,"奋力"轮从横沙码头开始拖航赴古船打捞现场,18日16:00完成抛锚布场。随后进行作业继续交底;同时进行设备物资转运等准备工作。

16日20:30,"奋力"轮就位沉船上方,"大力号"绞锚船尾带缆至"奋力"轮,搭设登船梯;观察水流情况,做潜水作业准备;集中监控系统调试、同时

图5.3.1　"奋力"轮现场就位图

开始弧形梁框架扁担梁对接。

20日08:00,46套弧形梁框架扁担梁对接全部完成,开始提升系统及集中监控系统测试。

15:13,开始提升油缸群,同步预紧加力。

16:00开始缓慢加载提升,至20:08,弧形梁框架离底,稳步提升(图5.3.2)。

最初计算弧形梁系统加固沉船空气中总吨位约8 800吨,考虑适当的吸附力以及其他余量,"奋力"轮设计提升吨位为15 000吨。实际提升弧形梁框架出泥时,吨位未大幅提高,为7 888吨。说明经过弧形梁的充气,基本破除了海底吸附力。最终提升15米到达设计位置时为7 918吨,在坞内排空水后(无浮力),总吨位为8 748吨,与计算值的差额在正常范围之内。

21日00:40,大桅出水,古船时隔150余年重现天日。

08:00,持续提升到设计位置,同时古船大桅安装保护罩。开始绑扎固定。

14:00,加塞垫木组块,绑扎固定、起锚撤场完成,开始拖航赴横沙码头。

图5.3.2　古船提升出水

2022年11月24日22:00，长江口二号古沉船起浮后被装载并绑固在"奋力"号驳船上，由4艘拖轮（其中1艘伴航）拖运到原上海船厂1#船坞。

"奋力"轮由1艘全回转拖轮吊拖、2艘全回转拖轮绑拖和1艘全回转拖轮伴航所组成的拖航船队，总长度246米，总宽度55米，"奋力"驳船拖航最大吃水4.6米（被拖船），水线以上总高度22米。由于长江口二号古船起浮后是系固在"奋力"驳船的月池开口中的，开口直接通海，航行时会受到外部水流影响。为确保古沉船的拖航安全，拖航时航速不能太快，最大航速控制在不大于5节。从海上施工场地至横沙码头，拖航时间约4小时，横沙码头至上海船厂拖航时间约8小时。

拖航船队于2022年11月21日由长江口北港航道长江口二号古沉船打捞现场驶向上海打捞局横沙基地码头，2022年11月25日由该码头至原上海船厂（西厂）1#船坞，整个拖航作业都在良好的气象窗口期进行。

"奋力"轮装载长江口二号古船前往原上海船厂1#船坞过程如下（图5.3.3、图5.3.4）：

（1）"奋力"拖带船队按下图编队形式从吴淞口至民生路渡口。

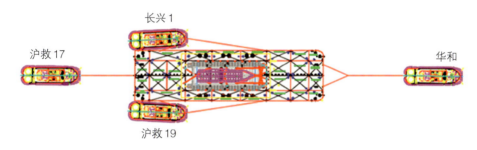

图5.3.3 拖航进坞编队示意图1

（2）船队过民生路渡口后拖轮"华和"解拖缆，"沪救16"在奋力船首右舷带1根拖缆协助进口。

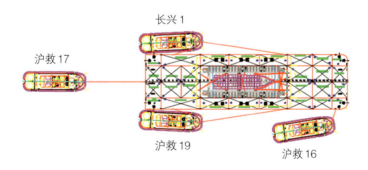

图5.3.4 拖航进坞编队示意图2

（3）"奋力"轮于11月24日23:00离开横沙码头，25日06:30过101浮，10:30过杨浦大桥，11:00到达#3调头区（图5.3.5）。

（4）船队抵黄浦江#3掉头区下游边线时，前进速度控制在1节以下，"奋力"轮向左掉头。

图 5.3.5　拖航进坞编队到达黄浦江 #3 调头区

（5）重新编队，"奋力"轮向左掉头，25日上午 11:30 时到达上海船厂坞门口，横靠坞口（图 5.3.6）。

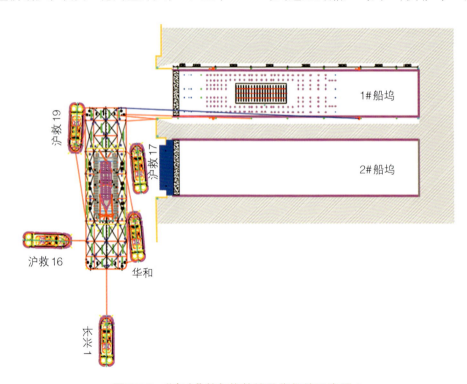

图 5.3.6　"奋力"轮与拖轮编队靠船坞示意图 1

（6）当"沪救17"和"华和"贴上码头后，在"奋力"轮左舷船尾临时带2根尼龙缆，将"奋力"轮左舷船尾的牵引缆和 1# 船坞东侧牵引缆均带妥（图 5.3.7、图 5.3.8）。

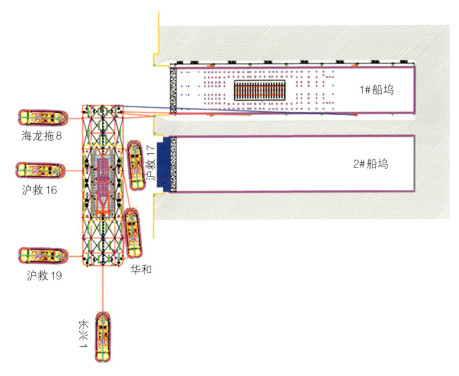

图5.3.7 "奋力"轮与拖轮编队靠船坞示意图2

图5.3.8 "奋力"轮与拖轮编队靠船坞

（7）25日12:30时，"奋力"轮慢慢向右转至平行于1#船坞，到位后，12:50时开始带"奋力"轮右后牵引缆（图5.3.9）。

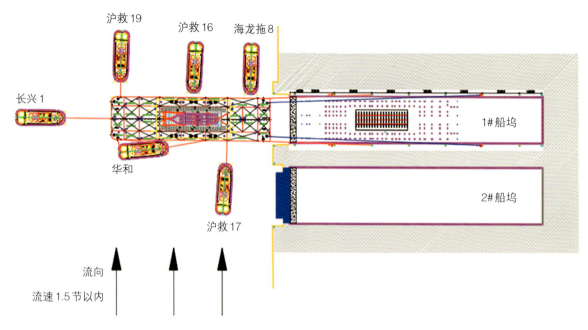

图5.3.9 "奋力"轮准备进船坞示意图

（8）13:10时，在拖轮的辅助下，利用缆绳的牵引力和拖轮的协助将"奋力"轮送至船坞，当"奋力"轮船尾距离坞口一段距离时，稳住船队，等待指令（图5.3.10）。

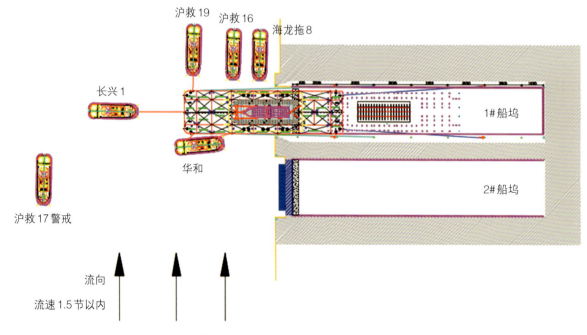

图5.3.10 "奋力"轮进船坞示意图

（9）13:30—13:40，在拖轮协助下，通过绞牵引缆慢慢拖移"奋力"轮，当"奋力"轮船尾到达预先画好的船尾标记线时，停止移船，"奋力"轮和古船已到达设计位置。

（10）检查"奋力"轮前后位置以及左右倾斜角度，通过慢慢绞缆调整，其前后偏移不超过设计位置0.5米，左右不超过0.05米，满足设计要求。

（11）在"奋力"轮中间两侧分别带八字交叉缆至船坞两边的揽桩，在"奋力"轮首尾再各带1根缆至船坞两边的揽桩上（图5.3.11、图5.3.12）。

（12）古船到达预定位置后，解除顶梁框架上的绑扎。

（13）启动液压提升系统，下放弧形梁和古船直至坐落在马鞍底座上。

（14）关闭坞门后坞内排水，同时"奋力"轮落座坞墩上。

图5.3.11 "奋力"轮进船坞

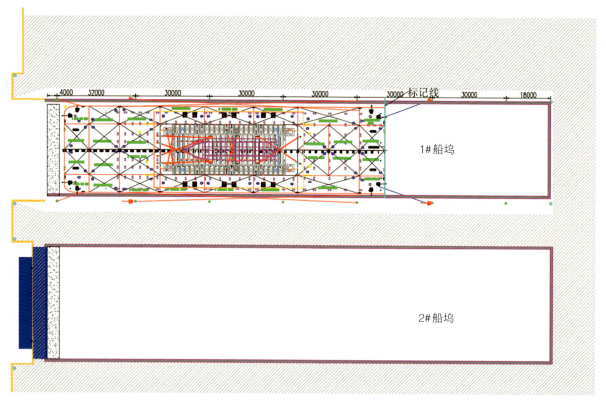

图5.3.12 　"奋力"轮进船坞带缆

5.3.2 　"奋力"轮出坞

5.3.2.1 　"奋力"轮尾部切割提升

"奋力"轮设计之初即考虑到了长江口二号古船打捞的需要,包括打捞提升、进船坞、出船坞的全过程。

"奋力"轮拖载长江口二号古船框架进坞后,进行下放安置,但由于古船大桅高度较高,大桅最高点距离坞底高约11米,最高潮位时坞内水深约为8.7米,"奋力"出坞吃水3.2米左右,因此正常情况下"奋力"出坞会与古船大桅相碰,不能直接出坞。

为了让"奋力"轮顺利出坞,初步考虑了以下几种方案:

(1)解体陆运。此方案须将船尾分段切割到很细才能陆运,对后期"奋力"轮的复原十分不利,首先排除。

(2)解体浮运。将船尾切割后从水中出坞,因为坞宽约36米、古船框架宽20米的缘故,左右空隙分别仅约8米,因此,"奋力"船尾部20米宽至少得切割成3块,还要经处理后能自浮于水上才方便出坞,因此水面出坞也不利于后期"奋力"轮复原,且成本较高。

(3)大型浮吊船起吊船尾切割块装船。此方案显然对浮吊船要求极高,舷外跨距80米起吊800吨,浮吊船在坞口就位有一定风险,且做大件吊装还需要大吊耳布置设计,费用高昂。

（4）重新专门建设一台门吊在现场使用,起吊船尾切割块装船运输。此方案与上述大型浮吊船的方案类似,需要上部重新设计大吊耳,且门吊位置只能到坞口,运输船就位有一定困难,布置门吊只使用1次,成本依然高昂。

（5）"奋力"船首压载（坞口）,船尾提高,达到要求的高度乘高潮出坞,这种方式不用切割尾部,但该前倾状态下,船头已经没入水中,船尾完全在水面上,安全性不够,且很可能纵向强度不够,导致船体折断。

（6）将船尾切割后整体提升7米,烧焊固定后随"奋力"船一起出坞。此方案最干净利落,风险低、成本低,但没有先例。

经过多种方案的比选,最终采用第6套方案（如图5.3.13所示）,大胆进行创新尝试,提升依然采用计算机控制液压油缸同步提升技术,并于"奋力"轮建造时就考虑到了锚固吊点的设置。

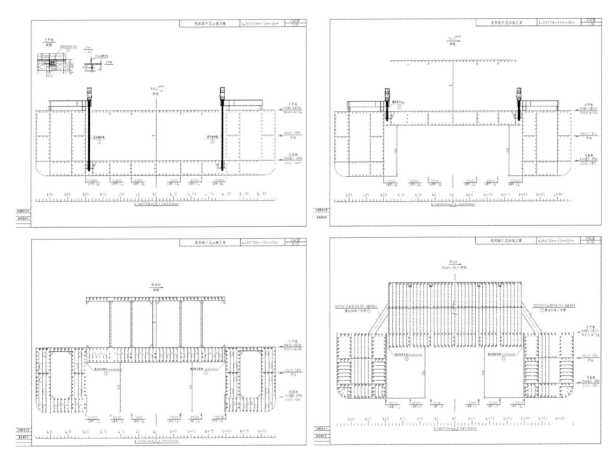

图5.3.13　"奋力"轮尾部切割提升

具体工期安排如下:

"奋力"轮进坞后,于11月26日关闭坞门,之后船坞内开始排水,弧形梁框架及"奋力"依次顺利落座于马鞍座及坞墩上;

27日,开始拆除提升油缸的底锚与弧形梁框架相连接的扁担梁;

30日,开始拆除链斗,"奋力"轮尾部切割准备;

12月1日,金刚绳切割设备物资进场,开始切割开孔及导向滑轮布置;

4日正式开始切割、割除阻碍切割的甲板部件。14日完成主船体切割。开始切割基座突出部分并规划切割4根桩腿;

16日,基座突出部分切割完成,开始切割4根桩腿;

20日完成切割,尾部提升7米,开始烧焊固定(图5.3.14)。

图5.3.14　尾部切割提升后现场图

随后"奋力"轮进行调载等出坞准备工作,2023年1月6日,1#坞门第三次开启,为"奋力"轮出坞做好相应的准备工作。

5.3.2.2 "奋力"轮出坞

2023年1月7日,"奋力"轮顺利出坞。"奋力"轮出坞由4条拖轮协助,主拖轮为"华和"。出坞过程如下:

(1)出坞前,"奋力"轮左右舷船尾的船舶牵引缆和码头牵引缆各带2根缆绳,左右舷船首位置的船舶牵引缆与码头牵引缆各带1根缆绳,"华和"与"奋力"轮带缆准备出坞(图5.3.15)。

图5.3.15 "奋力"轮出坞准备

（2）"华和"拖带"奋力"轮慢慢出坞，"奋力"轮一边出坞一边松开缆绳，当"奋力"轮出坞至"沪救16"可以绑拖时，"奋力"轮船尾缆绳暂停松出。"沪救16"在"奋力"轮首部右舷绑拖，"海龙拖8"在"奋力"轮左舷带缆（图5.3.16）。

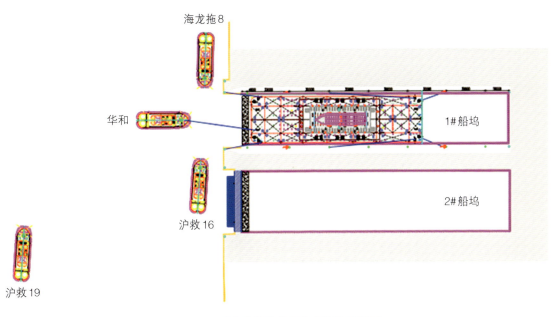

图5.3.16 "华和"拖带"奋力"轮示意图

（3）"华和"继续拖带"奋力"轮出坞。"奋力"轮出坞后船位调整至浦东面出口航道，重新编队（图5.3.17、图5.3.18）。

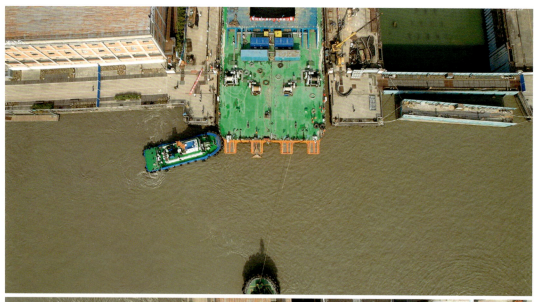

图5.3.17 "奋力"轮出坞

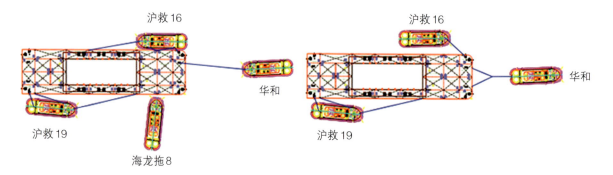

图5.3.18 拖轮编队

（4）最后由"华和"主拖，"沪救16"和"沪救19"协助"奋力"轮拖航复员（图5.3.19）。

后续，"奋力"于2023年2月6日进入中远船厂船坞准备开始进行尾部的复原工作。7日，先将同步提升油缸系统载力，再切除船尾的焊接固定，然后控制同步提升油缸缓缓下放尾部切割段，顺利将其下放至原位。经估测，有约70%的切割缝可直接切坡口焊接，其他焊缝需要通过加垫钢板等方式进行处理。这样的结果达到预期，"奋力"轮于13日完成尾部切割段的焊接，出坞靠泊码头。

图5.3.19 "奋力"轮出坞

项目组创新性地采用了将船尾切割后整体提升7米，烧焊固定后随"奋力"船一起出坞的方案，获得了圆满成功。不仅干净利落地将尾部切割段带出了上海船厂#1旧船坞，作业安全系数高，且"奋力"轮船体复原顺利，对船体的损伤降到了最低，不需要大浮吊或门吊，也无需额外的运输船，成本也大幅节省。

此外，"奋力"轮尾部的切割采用了先进的切钢专用金刚石绳锯进行分段切割，不需要搭设脚手架，且切割效果不错，实际只用了10天时间便完成了12道切口的切割，相对比较省力且减少了开支。同时，"奋力"轮尾部的提升继续采用同步提升技术，避免了使用大吨位吊机和另行配置大吊耳等方式，提升和下放都很稳定，提高了施工的安全性、便利性、经济性。

5.4 总 结

本项目从船坞检测、坞内准备、坞口清淤、步道拆除及恢复、坞门三次开启关闭到"奋力"轮进出坞，各工序准备有条不紊，施工程序及应急风险措施考虑周详，施工作业按照施工方案认真

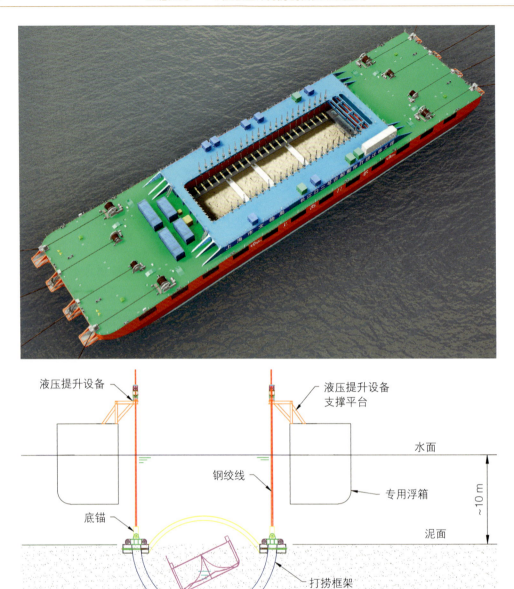

图6.2.1　整体起吊布置图

为加快科研成果转化，提升打捞工程精细化水平，本项目针对长江口二号古船整体迁移项目中的打捞框架及古沉船整体起浮这一关键作业阶段，针对该工程项目的具体打捞方案和技术要求，在前期国研项目成果的基础上，结合沉船打捞集中监控技术、数字孪生技术和三维场景建模技术开发了一套沉船智慧打捞监控系统。该系统通过在打捞现场部署海洋仪器及各类传感器，对海洋环境参数、打捞船及沉船姿态、打捞船提升力/行程等关键信息进行测量和采集。同时，开发相关软件对关键工况信息进行集成处理、分析，配置数据库进行数据存储，并通过数字孪生技术及开发全新的人性化UI界面，在终端实现了对整个打捞提升作业的三维仿真实时显示。此外,该系统还将在船端、陆地部署搭载通信系统,可通过4G网络进行船岸信息共享,实现沉船整体打捞过程的远程监控。

目前液压同步提升技术在国内外均有用于沉船打捞的案例,比较典型的有2001年荷兰SMIT打捞公司实施的"库尔斯克"号潜艇打捞工程、2009年烟台打捞局实施的"畅通轮"尾端打捞工程以及2017年由我局实施的"世越号"沉船打捞工程。在这些案例中,有简单的提升监控软件来显示提升装置的部分关键参数,如油缸行程、提升速度等,而有的是专门针对特定打捞项目进行定制开发的,软件的主要特征参数和提升模型均不能修改,无法直接应用于其他工程场景;对海洋环境的监测一般会通过各种传感器对风、浪、流等参数进行单独的采集和显示;打捞船锚缆及姿态等参数也是单独采集显示的。而且这些监测系统显示界面多为简单的二维数字界面,作业风险主要靠人工读取技术参数判断,通常也缺乏打捞系统的视频监控及远程终端同步显示功能,未实现几种类型的打捞关键信息的集成监控和智能分析。我国集成数据监测和数字孪生技术已在海洋工程领域有相关开发及应用。例如:2015年由上海交通大学研发的"深海平台安全保障监测系统"已正式在"海洋石油981"深水钻井平台上进行监测采集作业,该系统通过部署各类传感器并利用数字孪生技术,实时监测"海洋石油981"的各种参数,并收集风力、波浪、海潮、盐度等不同的海洋环境条件对平台运动的影响,这些数据通过分析、对比等处理后,呈送给指挥中心和相关专家,确保运行安全。

6.2.2　技术路线

6.2.2.1　系统架构

智慧打捞监控系统一期开发是针对长江口二号古船整体迁移工程整体起浮阶段的工程需求的,主要开展以下研究内容:

(1)海洋环境、液压同步提升及船舶姿态监测系统传感器的部署方案,包括测波雷达、流速仪、风速仪、姿态仪、压力传感器、测力环、行程传感器等设备在船端和提升系统的部署方案。

(2)集中监测软件的集成研发,利用船间通信网络实现包括液压同步提升系统、海洋环境监测模块、水面/水下姿态监测模块等设备的数据采集、分析与实时显示;通过建立数据库实现集成数据的存储,并可进行长距离的信息共享。

(3)数字孪生三维仿真系统的集成研发,针对打捞系统实现三维实时动态仿真,完成人机交互界面与仿真显示界面的开发。

(4)通信及视频监控的解决方案,实现现场船间数据通信和船岸数据通信,为集中监测软件系统和数字孪生三维仿真系统提供数据通信支持。作业现场视频监控系统的解决方案,实现了对施工现场指定区域进行实时视频监控,以及船端、工程船队、局业务处的三级部署,并配置相关服务器、显示器硬件。

整个智慧打捞监控系统分为硬件部分和软件部分,其中硬件部分主要由各类型传感器、主控制柜、网络通信设备、显示终端、视频监控等组成;软件部分主要由集中监测软件、数字孪生三维仿真软件和视频监控软件组成。整个系统的构架图如下(图6.2.2):

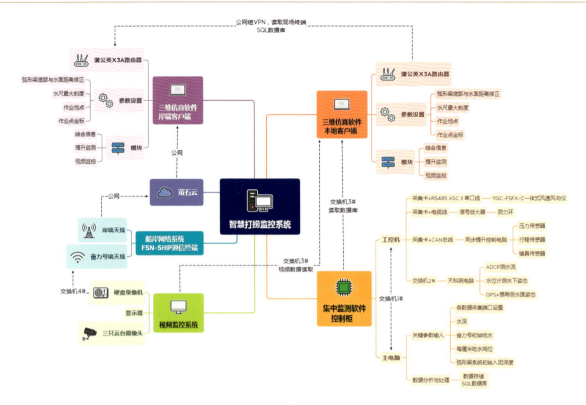

图6.2.2 智慧打捞监控系统构架图

6.2.2.2 系统主要硬件

针对长江口二号古沉船整体迁移方案的功能要求,智慧打捞监控系统主要包括集中监测软件、三维仿真软件、视频监控模块、通信系统四个主要组成部分,系统组成如图6.2.3所示,所使用的主要设备及仪器清单如表6-1所示。

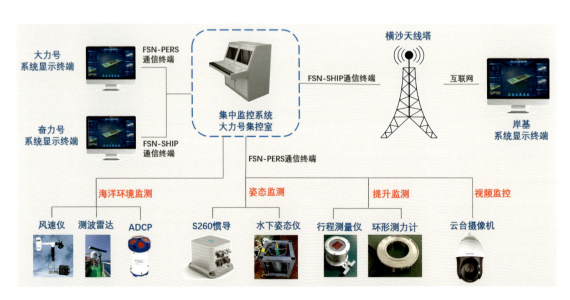

图6.2.3 智慧打捞监控系统组成图

表6-1　集中监测系统主要设备及仪器清单

编号	物资大类	具体项目	规　　格	单位	使用数量	安装位置	备　　注
1	环境监测	风速风向仪	一体式风速风向仪	套	1	"大力号"	监测风速、风向,配套50米线缆
2		ADCP流速仪	Nortek多波束流速仪	套	1		监测流速流向,配套线缆用于定位电脑接收信号
3		无线网桥	格网Airmesh 2400	套	3	"大力号""奋力"轮	用于"大力号"与"奋力"轮之间环境数据无线传输,每个网桥配置50米网线
4	液压同步提升系统	长距离行程传感器	TX-LS40量程大于20米	套	2	"奋力"轮	监测古沉船两侧提升总距离
5		油压传感器	Huba Control-511	套	46	提升油缸	监测每个提升点的液压数据
6		油缸行程传感器	TX-CS400	套	46		监测每个提升油缸动作行程与同步工作状态
7		锚具传感器	TX-MJ100	套	92		监测每个提升油缸锚具的动作逻辑与承载状态
8		测力环	F35CS-400T	套	8		监测8个提升油缸的实时载荷
9	"奋力"轮传感器	姿态监控传感器	星网测通S260惯导系统	套	1	"奋力"轮	监测浮箱的姿态,每套配置2条100米线缆
10	打捞框架	姿态仪	海洲赛维HSP100压力计	套	1	打捞	监测打捞框架姿态,共4个压力计,每个配备100米线缆
11	现场显示终端	控制柜	配有数据库电脑、工控机、显示屏、采集卡等	套	1	"奋力"轮	安装于"奋力"轮控制室
12		终端主机	电脑工作站	个	1		
13		显示器	60寸大屏幕	个	1		
14		终端主机	电脑工作站	台	1	"大力号"	安装于"大力号"甲板监控室
15							
16		显示器	55寸大屏幕	个	1		
17	船间通讯系统	船载天线设备	FSN-PERS 一体化通信终端	个	1	"大力号"	安装于"大力号"桅杆
18			FSN-SHIP通信终端	个	1	"奋力"轮	安装于"奋力"轮控制室顶部

续表

编号	物资大类	具体项目	规　格	单位	使用数量	安装位置	备　注
20	船岸通讯系统	岸端天线设备	FSN-SHIP通信终端	个	1	横沙海事局高塔	安装于横沙海事局VSAT高塔,通过4G上网连接公网
21	视频监控系统	摄像头	室外高清防水云台	个	3	"奋力"轮	支持360°旋转
22		硬盘录像机	4通道硬盘录像机	台	1	集控室	内置1TB硬盘,可存储15天

6.2.2.3　系统功能

智慧打捞监控系统的功能包括作业海域风浪流环境监测、沉船及水面船姿态监测、吊力监测;实时数据显示;数据存储。并通过合适的通信网络实现现场船船、船岸的信息传输和共享,实现沉船提升全过程的智慧集中监测。具体技术要求如下:

1.监测项目

现场海洋环境:风速/风向、流速/流向、最大及有义波高、波浪周期、浪向;

同步提升系统:单个设备提升力、单侧总提升力、系统总提升力及重心位置、总提升行程;

系统姿态:"奋力"运动及姿态(本次监测横摇、纵摇、艏摇和垂荡数据)、打捞框架姿态(本次监测横摇、纵摇)。

表6-2　智慧打捞监控系统检测项目

监测项目	数 据 名 称	编号	单位	传 感 器	安 装 位 置
环境监测	风速	Vw	m/s	风速风向仪	"大力号"驾驶台
	风向	α	deg		
	最大波高	Hmax	m	测波雷达	"大力号"驾驶台顶部
	有义波高	Hs	m		
	谱峰周期	Tp	s		
	主要波长	L_{wave}	m		
	流速	Vc	m/s	ADCP	"大力号"船尾左舷
	流向	β	deg		
同步提升系统	46个提升点吊力	FS1#—23#	t	压力传感器/测力环(1#/8#/16#/23#)	开口驳右舷
		FP1#—23#	t	压力传感器/测力环(1#/8#/16#/23#)	开口驳左舷
	右舷总提升力	TFS	t	计算	——

续表

监测项目	数据名称	编号	单位	传感器	安装位置
同步提升系统	左舷总提升力	TFP	t	计算	——
	总提升力	TF	t	计算	——
	提升物重心位置	Tcg fr.C.L.	m	计算	——
		Lcg fr.AP	m	计算	——
	右舷提升行程	DS	m	行程传感器	开口驳右舷
	左舷提升行程	DP	m	行程传感器	开口驳左舷
	总提升行程	DT	m	计算	——
	沉船底部距离水面	DW	m	计算	——
沉船姿态	横摇	Roll－1	deg	水位计	打捞框架顶部
	纵摇	Pitch－1	deg	水位计	
	横倾周期	TR－1	s	水位计	——
	纵倾周期	TP－1	s	水位计	——
"奋力"轮	横摇	Roll－2	deg	S260惯导系统	"奋力"轮控制室
	纵摇	Pitch－2	deg	S260惯导系统	
	艏摇	Yaw－1	deg	S260惯导系统	
	垂荡	Heave－2	m	S260惯导系统	
	横倾周期	TR－2	s	S260惯导系统	
	纵倾周期	TP－2	s	S260惯导系统	
	艏摇周期	TY－2	s	S260惯导系统	
	垂荡周期	TH－2	s	S260惯导系统	
视频监控区域画面	浮箱右舷提升系统	三个场景		云台摄像机	"奋力"轮控制室
	浮箱左舷提升系统				
	浮箱全景				

2. 集中监测软件

集成数据采集、分析、存储功能；

配置SQL数据库；

配套操作台，配置有多显示屏、主机系统、数据接口等必要设备；

多屏实时数据显示，软件操作及数据显示界面符合工程习惯。

3.数字孪生三维仿真系统

实时读取集中监测软件的相关监测数据；

对打捞系统实现三维实时动态仿真，实现人机交互，显示界面集成显示各关键监测数据，符合工程使用习惯及人性化操作；

在单独显示终端上显示及操作。

4.通信及显示终端

智慧打捞监控系统的控制室部署于现场"奋力"轮；

"奋力"轮的控制室内配备移动式电脑工作站和大屏幕显示器，以运行和显示数字孪生三维仿真系统软件；

现场"大力号"与"奋力"轮之间建立数据通信，已实现传感器数据传输及"大力号"显示数字孪生三维仿真系统界面的功能；

通过长距离无线通信技术，将数字孪生三维仿真系统界面传输至交通运输部上海打捞局办公大楼的指定屏幕；

作业现场布置视频监控系统，对"奋力"轮的液压同步提升设备、月池（包含月池）等指定区域进行实时视频监控，同时存储监控视频数据，摄像头角度要求具有一定的调节范围。

6.2.3　总体技术方案

6.2.3.1　硬件设备选型及布置安装

1.测量仪器及传感器

在现场"大力号"船顶开阔区域布置安装测波雷达，船尾部署ADCP流速剖面仪；在"奋力"轮顶部开阔区域布置安装S260惯导系统；在古沉船打捞框架的四角安装压力计，通过高差变化计算其姿态数据。所有数据进行汇总后，以网络TCP/IP访问形式提供多个端口，分别对应到每种测量设备，并可通过无线网桥传输到施工现场的任何地点。具体情况如表6-3所示。

表6-3　智慧打捞监控系统检测项目

序号	监测内容	设备型号	布置位置	接口要求	安装工艺
1	风速风向	YGC-FSFX-C型一体式风速风向计	船顶开阔区域	RS485串口	螺栓固定于支架上
2	波浪及表面流	德国Wamos II测波雷达	船顶开阔区域	RS232串口	"大力号"船顶固定支架焊接，安装雷达天线
3	流速剖面	美国RDI 600 kHz ADCP流速仪	船侧固定安装	RS232串口	"大力号"船侧固定安装，换能器超过船底
4	浮箱姿态	S260惯导系统	"奋力"轮控制室	RS232串口	GPS天线需要固定安装在控制室顶部

序号	监测内容	设备型号	布置位置	接口要求	安装工艺
5	沉船框架姿态	海洲赛维HSP100压力计	打捞框架的四角安装	RS485串口	压力计需要固定安装
6	现场局部区域数据传输	格网Airmesh2400无线网桥	"大力号"和"奋力"轮顶部开阔区域	RJ45网口	无

（1）风速风向仪——YGC-FSFX-C型

YGC-FSFX-C型一体风速风向传感器是风速风向传感器的高度集成品，采用不锈钢精密机械加工件装配，强度高，安装更方便。其中风速部分采用传统三风杯结构，风杯选用进口ABS材料，强度高，启动好；精密信号处理单元可根据用户需求输出各种信号，具有量程大、线性好、观测方便、稳定可靠的优点。风向部分是用于测量风的水平风向的专业气象仪器，其内部采用精密角度传感器，并采用低惯性风向标响应风向，当风向发生变化时，尾翼转动带动轴杆传感器磁铁，角度传感器感应到磁极方位变化，从而产生变化的电信号输出，具有线性好、精度高、无死角、观测方便、稳定可靠的优点（图6.2.4）。

图6.2.4　YGC–FSFX–C型风速风向仪安装

该传感器通过螺栓安装于中控室顶部无遮挡位置，安装时传感器正北指示线指向"奋力"轮船首方向。

具体规格参数：

风速量程：0—45 m/s；

风向量程：0—359度；

供电：DC5V；

通信方式：RS485 ASCII；

精度：风速 ±0.3 m/s，风向 ±3度；

防护等级：IP64。

（2）测波雷达——WsMoS II 表面流及波浪监测系统

WaMoS II 是一款可靠的波浪与表层流监测系统，其测量原理为利用主机扫描获取海洋表面的微波回散射，根据海浪的反向散射强度数据来计算海浪的相关信息，如有效波高、波周期、波长、方向以及表层流速度和方向等，进而得到海浪数值图赫尔维波谱以及波向、波高、周期和波速等主要参数。WaMoS II 系统能够在各种海况的条件下，对海面波浪及表面流进行实时测量，可以通过内部数据处理获得相应位置的连续海浪及表层流参数，并进行实时显示。该系统适用于固定的平台或移动的船舰，且支持无人值守自动监测。其实物如图6.2.5所示，具体性能参数如表6-4所示。

图6.2.5　WsMoS II 表面流及波浪监测系统

表6-4　测波雷达性能指标参数

名　称		指　标		
序　号	波、流参数	精　度	范　围	分　辨　率
1	有效波高	±10%或 ±0.5 m	0.5—20 m	0.1 m
2	平均波周期	±0.5 s	3—18 s	0.1 s

续表

名　称		指　标		
序　号	波、流参数	精　度	范　围	分　辨　率
3	波峰周期	±0.5 s	3—18 s	0.1 s
4	平均波向	±2°	0—360°	1°
5	波峰峰向	±2°	0—360°	1°
6	波峰波长	±10%	15—600 m	1 m
7	流速（对地坐标）	±0.2 m/s	0—40 m/s	0.001 m/s
8	流向（对地坐标）	±2°	0—360°	1°

（3）流速剖面仪——RDI WHS600 ADCP

哨兵型自容式ADCP是TRDI公司最畅销和多功能的产品之一，目前已有上千套设备应用于全球50多个国家。高频率哨兵型自容式ADCP的破面测量范围为1—154米，适合于多种应用方式。受益于TRDI公司的宽带信号处理技术，该设备可提供无可比拟的测量精度，同时还具有低功耗的性能，使其能够成为长期测量的理想选择。哨兵型自容式ADCP体积轻便，易于安装在浮标、船舷、船底或海底，可通过电缆或声学模块将数据实时传输至岸端，或者将数据存储于ADCP内部，快速完成项目部署。此外，该款ADCP还具有多种工作模式，可方便快捷地升级为压力模式、底跟踪模式和带波向的测波功能模式。其实物如图6.2.6所示，具体性能参数如表6-5所示。

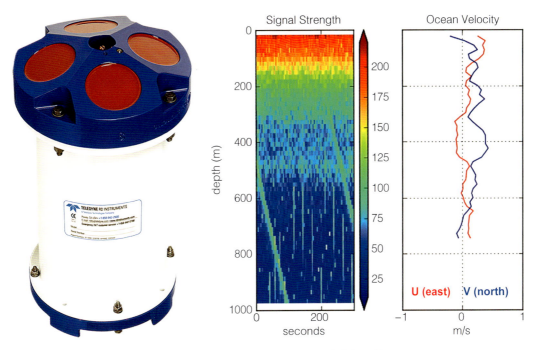

图6.2.6　RDI WHS600 ADCP流速剖面仪

（6）无线网桥——格网 AirMesh 2400

　　AirMesh 2400 是一款工业级别的高速无线网络电台，适用于恶劣环境，在点对点、点对多通信方面具有明显的优势；可根据现场环境选择不同的天线，以达到满意的传输效果。该电台采用 OFDM 调试与 MIMO 天线技术，能够利用多径进行传输，大大提高了通信范围和数据吞吐量；工作在 2 412—2 462 MHz 免申请频段，支持 802.11 b/g/n 协议，传输速率高达 300 Mbps。AirMesh 2400 为专网应用提供了一种高速率、长距离的无线解决方案，具备工业等级、传输距离远、传输速率高、性能可靠、兼容性强等优势，可为油田、电力、铁路、风能、光能、水利、煤田等用户提供综合数据传输能力。其实物如图 6.2.9 所示，具体性能参数如表 6-8 所示。

图 6.2.9　格网 AirMesh 2400 高速无线网络电台

表 6-8　定位定姿仪性能指标参数

射频接口	SMA 需接第三方 2×2 MIMO 天线（选择定向或全向天线）
数据接口	RJ45，Full/ Half duplex mode；10/100 Base-T Compatible
频率范围	2 412—2 462 MHz；输出功率 27 dBm
信道带宽	5 MHz、10 MHz、20 MHz、40 MHz
载波调制	OFDM（BPSK/QPSK/16QAM/64QAM）；传输速率空中 300 Mbps
IP 地址分配	静态地址或 DHCP 动态
无线协议	IEEE 802.11 b/g/n
安全特性	WEP security：64/128 bitWPA/ WPA2/AES /TKIPMAC filtering

（7）长距离传感器——TX-LS40

TX-LS40是上海同新机电控制技术有限公司自主研发的一款长距离大行程智能传感器，充分结合了角度传感器与直线位移传感器的优点，使用拉绳式卷扬机构，具有很大的行程选择空间；内部集成CAN总线通信接口，能够根据现场情况任意修改波特率数值，便于融入现有的网络控制系统中，满足各种传输要求；安装方便简单，测量高速稳定，可广泛应用于能源、交通、国土安全、工业测量等领域。

本项目中将该传感器安装于"奋力"轮上，分别监测古沉船两侧的打捞提升总距离，其实物如图6.2.10所示，具体性能参数如表6-9所示。

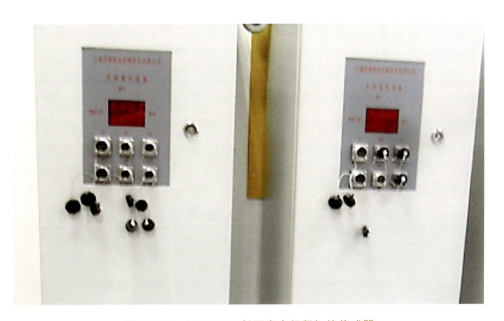

图6.2.10　TX-LS40长距离大行程智能传感器

表6-9　定位定姿仪性能指标参数

测量范围	0—40 m	输入电压	DC 8—33 V
信号输出	CAN总线	数据可视化	LED数码管
精　度	<±0.5%fs	温度范围	−40—80℃

（8）锚具传感器——TX-MJ100

TX-MJ100是上海同新机电控制技术有限公司自主研发的一款锚具传感器，由开关电子电路与机械外壳所组成。电子电路部分采用密封型微动开关，具有动作可靠、性能稳定、应用寿命长、频率响应快等特点，能够准确反映出锚具油缸的位置与行程；外壳使用铝合金材料，表面经过硬化处理，具有防水、防震与耐腐蚀等特点。

本项目中将该传感器安装于液压提升油缸的上下锚具外侧，用于监测每个锚具的动作逻辑与承载状态，其实物如图6.2.11所示，具体性能参数如表6-10所示。

（11）F35CS-400T环形测力传感器

环形测力传感器是测力传感器大类中的一种，能感受到被测量的信息，并能将感受到的信息，按一定规律变换成为电信号或其他所需形式的信息输出，以满足信息的传输、处理、分析、存储、显示、记录和控制等要求。其广泛应用于压力机、卡瓦载荷测试、螺栓预紧力测量等方面。

该传感器必须同中心地施加待测量的作用力，确保无横向力。在安装测力传感器时，应确保安装表面平坦、坚固。环形测力传感器安装于同步提升油缸底端与"奋力"轮底座之间，"奋力"轮甲板加装工装底座，用于保护和优化力的传输，避免应力集中导致"奋力"轮甲板破坏，其实物如图6.2.14所示，具体性能参数如表6-13所示。

图6.2.14　F35CS-400T环形测力传感器

表6-13　F35CS-400T传感器性能指标参数

测量范围	0—4 000 kN	尺　寸	内径390 mm 外径498 mm 厚度99 mm
信号输出	0—10 V标准电压	激励电压	DC 15 V
精　度	<±0.5%F.S.	防护等级	IP68
过载保护	150%	温度范围	−30—75℃
线缆：传感器信号出线10 m，信号放大器出线100 m			

2. 集中监测系统操作台

"奋力"轮液压同步提升系统的油压传感器、长距离行程传感器、环形测力传感器的信号输出端口由相关供应商接入到"奋力"轮集装箱内，其中，油压传感器、长距离行程传感器由同新公司整合后通过CAN总线输出，环形测力传感器接入阿尔泰USB3200数据采集卡后直接输出数字量。在"奋力"轮控制室内布置一台集中监测系统的操作台，内含一台控制电脑、一台工控机、两个显示器、一套键盘鼠标、一个CAN总线采集卡、一套测力环24 V电源及采集卡、一套风速风向仪24 V电源及采集卡、电源拖线板等。其中工控机及CAN总线数据采集模块,用于整合油压传感器、长距离行程传感器、环形测力传感器等监测信息。部分环境监测数据通过接入船间通讯网络,实现从"大力号"到"奋力"轮点对点的数据传输。另外,"奋力"轮姿态、古沉船姿态等监测信息由天科院整合传输至集中监控系统。需要用到的工控机和CAN总线数据采集模块如图6.2.15所示,主要参数见表6-14。

图6.2.15　工控机及CAN总线采集模块

表6-14　F35CS-400T传感器性能指标参数

工控机参数			
CPU	J1900	内　存	4G
硬　盘	固态128G	接　口	双intel网卡,6串口
操作系统	Win10	机　体	无风扇设计
CAN总线采集模块			
型　号	USB8473	输入电源	5 VDC, 250 mA
物理层	高速CAN	最大速率	1 000 kB/s
线缆长度	2 m	连接器	9针D-Sub
工作温度	0—55°C	工作湿度	10%—90%,非冷凝

布置在"大力号"的风速风向仪的信号输出端口由上海交大从驾驶室接到"大力号"监测室,测波雷达、流速仪等监测信息由天科院采集并与"奋力"轮姿态、古沉船姿态信息整合后将统一信号输出端口接入到"大力号"监测室。上海交大在"大力号"监测室内布置集中监测系统操作台,用于采集"大力号"上风速风向仪的监测数据,同步接收"奋力"轮所传来的监测数据,以及接收天科院整合统一输出的监测数据。操作台内配置了主机、SQL数据库、串口服务器等,上海交大负责建立数据库并实现与后端三维仿真系统的数据共享。集中监控系统操作台与图6.2.16类似,主要参数见表6-15。

图6.2.16　系统软件操作台

表6-15　集中监控系统操作台主要参数

操作台机柜主体			
尺　寸	1 200 mm × 1 040 mm × 1 150 mm	显示器	2台
串口服务器	1台	交换机	1台
柜　体	定制加强、吊钩、滚轮等	附　件	电源、开关、线缆等1套
操作台主机			
CPU	I7-12700	内　存	16G
硬　盘	固态512G	接　口	双网卡,双路显示
数据库软件	SQL server 2017或2019标准版	数　量	1台

3. 通信设备及视频监控

（1）FSN-SHIP终端

在"奋力"轮与交通运输部上海打捞局横沙基地,需要分别部署FSN-SHIP终端1台,其实物如图6.2.17所示,设备性能参数如表6-16、6-17所示。具体安装要求如下:

在"奋力"轮控制室顶部的高点处提供安装立柱一根,用于安装现场FSN-SHIP终端;

在吴淞海事局横沙制高点VSAT天线塔寻找一根安装立柱,用于安装岸基FSN-SHIP终端,该终端通过4G网络连接至公网;

室内单元提供AC 220 V供电。

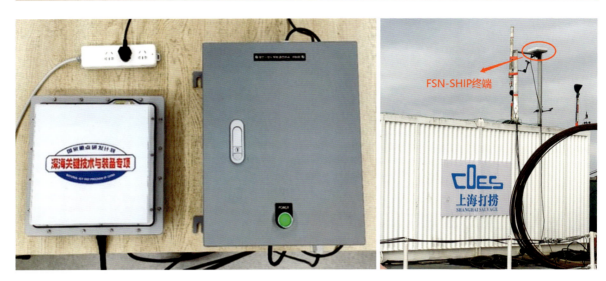

图6.2.17 FSN-SHIP终端及其安装

表6-16 天线(舱外单元)性能指标参数

尺 寸	310 mm×310 mm×80 mm	防护等级	IP67
工作频率	5 725—5 850 MHz(无线接入系统—点对点传输)	重 量	15 kg
信道带宽	20 MHz	发射功率	≤5 W
天线增益	≥18 dBi	EIRP值	≥48 dBm
输入电压	DC 48±8 V	—	—

表6-17 控制器(舱内单元)性能指标参数

尺 寸	700 mm×500 mm×250 mm	重 量	10 kg
输入电压	AC 220±10% V	输出电压	DC 48±8 V
输出电流	≤6 A	电池及后备时间	锂电池,半小时
网络性能	10/100/1 000 M自适应以太网接口、Wi-Fi、带指示灯	附 件	智能天线舱外单元(ADU)

(2)FSN-PERS终端

在"大力号"上需要部署FSN-PERS终端1台,其实物如图6.2.18所示,设备性能参数如表6-18所示。具体安装要求如下:

在"大力号"正对"奋力"轮一侧的高处栏杆上固定该终端,并尽量减小吊机对信号的影响;

DC 24 V或AC 220 V供电。

图6.2.18　FSN-PERS终端

表6-18　FSN-PERS终端性能指标参数

尺　寸	205 mm × 130 mm × 120 mm	外接天线长度	130 mm
重　量	2 kg	防护等级	IP67
工作频率	5 725—5 850 MHz（无线接入系统—点对点传输）	信道带宽	20 MHz
发射功率	≤ 2 W	天线增益	≥ 8 dBi
EIRP值	≥ 38 dBm	输入电压	DC 24 V
通信方式	带 Wi-Fi 功能	—	—

（3）"奋力"轮摄像系统

根据现场施工作业要求，在"奋力"轮上需要部署云台摄像机3台。云台摄像机具备IP66防护等级，满足室外防水要求，同时支持POE供电，以及360°旋转。云台摄像机用螺丝固定安装于"奋力"轮指定位置的照明灯架上（图6.2.19、图6.2.20）。

硬盘录像机支持最大4路视频接入，并内置1TB硬盘，满足3路画面连续存储半个月。

图6.2.19　视频录像机及硬盘录像机

图6.2.20 "奋力"轮安装视频录像系统

6.2.3.2 集中监测软件

集中监测软件采集或读取"奋力"轮姿态、沉船框架姿态、环形测力传感器、测波雷达、流速仪、风速仪和同步提升系统相关传感器等监测信息,对所有监测信息进行数据解析、数据计算、数据存储,并通过项目软件界面进行图形化、参数化分屏显示。同时,按照设计要求,将上述处理后的数据通过数据库共享,为数字孪生系统提供数据源。

其中,"奋力"轮工控机的数据传输程序将油压传感器、长距离行程传感器、环形测力传感器、风速风向仪等监测信息,通过船间通讯网络从"大力号"部署的环境传感器中读取水流、波浪等环境数据;集中监测软件在"奋力"轮控制室的操作台上运行,同步接收"大力号"所传来的监测数据,以及接收天科院整合统一输出的监测数据,针对实时监测进行分屏显示,以及意外情况的虚拟信息调用;面向监测信息、统计分析结果等数据,采用专业数据库软件建立SQL数据库,以进行数据管理、储存、读取和调用,并支持通过船岸、船间网络实现数据共享。

考虑到实际作业需求、数据传输稳定性及数据量大小,所有传感器数据的采样频率为1 Hz。

综上所述,集中监测软件具备以下功能特点:

结合本项目定制开发,通过项目个性化软件界面对监测关键信息进行图形化、参数化分屏显示;

在数据格式、采样频率、物理量计算、统计分析等方面进行数据处理,保证数字孪生系统能够直接从数据库中获取数据(图6.2.21)。

图6.2.23　开机界面

　　其中综合信息页面主要体现打捞系统的三维整体状态及关键的综合监控数据,打捞系统三维仿真视角可以在水面和水下切换,分别用于展示"奋力"轮和弧形梁系统的状态,使得三维仿真系统更加灵活、直观,打捞系统的三维实时渲染效果良好。综合监控数据包括:打捞地点、日期、海洋环境、传感器设备状态、监控视频、提升状态、"奋力"轮和弧形梁系统姿态等信息,配置有弧形梁位置标尺、风浪流方向罗盘、"奋力"轮和弧形梁姿态三维仿真窗口等显示效果(图6.2.24)。

图6.2.24　开机界面

　　提升监测界面主要呈现详细的提升系统状态信息，包括：左右舷每台提升油缸的载荷，每侧总的提升力和行程，并在三维模型中直观地标识出具体每台油缸的载荷数据，提升油缸的载荷柱状图可以根据设定的不同载荷阈值显示不同颜色（图6.2.25）。

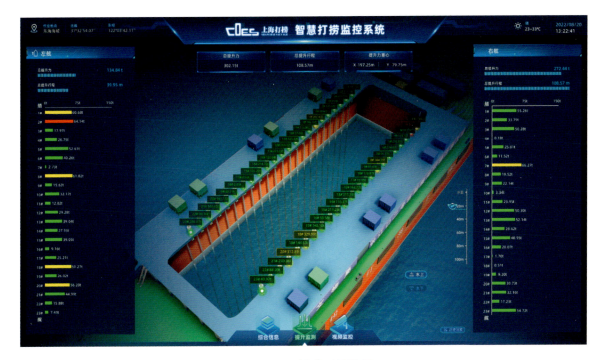

图6.2.25　提升系统界面

视频监控模块主要为模拟展示"奋力"轮上三个不同视角的摄像头位置及实时监控视频,在三维模型中标记摄像头位置,每个视频画面可以单独放大,便于观察每个视角的画面细节。现场"奋力"轮客户端可以直接通过交换机读取硬盘录像机里的监控视频,由于视频录像通过网络实时上传至萤石云服务器,远程客户端可以通过萤石云直播源地址获取视频流,并可根据网络情况选取流畅和高清两种视频流(图6.2.26、图6.2.27)。

图6.2.26　监控视频流云地址

图6.2.27　视频监控界面

（4）数据库开发

对采集的数据进行清洗、存储,搭建云端数据库,开发数据接口,并与监测端进行通讯测试联调,确保数据库通信正常。

（5）交互引擎开发

将三维模型导入引擎,进行材质灯光的实时渲染,并将UI界面、检测数据进行导入,与模型实现数据交互联动。

（6）测试数据单测

编辑测试数据和案例,在本地对软件进行单体测试,验证所有功能是否满足业主方要求。

（7）系统联测

开发数据接口与远程实测数据进行联合测试,验证所有功能是否满足业主要求。

3.现场调试与修改

将通过联测的软件在现场进行安装,新建本地缓存数据库,确保数据准确、高效,使其达到预期效果。

6.2.3.4　通信解决方案

根据本项目的实际需求,以中交通信大数据（上海）科技有限公司的水上智能宽带组网技术为依托,拟构建以现场指挥母船"大力号"为核心的通信组网方案,实现打捞作业现场水域的区域宽带覆盖,以及"大力号"与交通运输部上海打捞局指挥中心间的船岸宽带通信。水上区域宽带通信的带宽拟定为15 Mbps,覆盖范围10 km;船岸通信采用"VSAT卫星＋智能宽带"双链路方案,其中VSAT卫星链路的带宽拟定为2—4 Mbps,智能宽带链路的带宽拟定15 Mbps。

1.水域的区域宽带覆盖方案

本方案拟在"奋力"轮的指挥室顶部安装FSN-SHIP船载天线设备一台,指挥室内安装FSN-CTRL舱内单元一台;在"大力号"浮吊船上安装FSN-PERS小型一体化通信终端一台。具体情况如图6.2.28所示。

（1）安装在"大力号"上的FSN-PERS C终端可与"奋力"之间建立15 Mbps宽带连接,因采用相控阵通信技术,可实现全向、移动中通信,即以"奋力"轮为中心,半径10 km的圆形区域内均可实现通信;无线电波束采用电子相控指向跟踪的窄波束,不会对其他通信系统造成干扰,并提高了通信的保密性;FSN-PERS C终端在浮箱平台提供Wi-Fi覆盖和标准IP45网络接口,可做为其他设备的通信中继。

（2）安装在"奋力"轮上的FSN-SHIP A终端可与"大力号"上的FSN-SHIP C终端进行通信,同时还可与设立在横沙VSAT高塔的FSN-SHIP B终端建立15 Mbps的中继链路,能够将现场的语言、视频、数据等信息传输到岸端。

（3）安装在岸端VSAT高塔的FSN-SHIP B终端通过4G网络与公网连接,将现场信息传输到打捞局指挥中心或其他站点。FSN-SHIP A终端同样可为"奋力"轮提供Wi-Fi覆盖和标准IP45

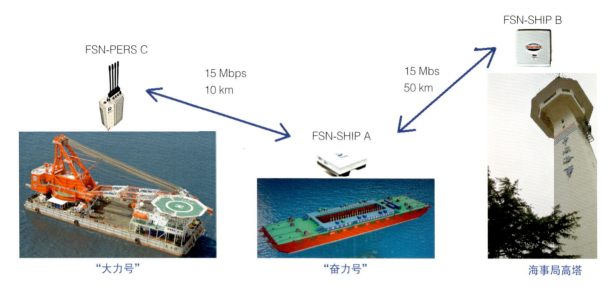

图6.2.28 区域宽带覆盖拓扑结构图

网络接口,可以将"奋力"轮各系统信息进行中继回传。

(4)经勘查,打捞作业区域与海事局横沙VSAT高塔直线距离不超过30 km,且中间没有高层建筑遮挡。因此,拟在横沙基地楼顶(需要方便连接互联网线和电源线,中间不要有遮挡)安装一台智能天线,以实现作业区与交通运输部上海打捞局横沙基地间的宽带连接,具体情况如下图(图6.2.29)所示。

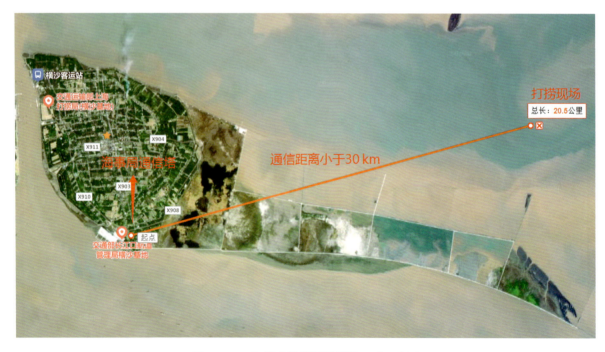

图6.2.29 天线安装位置及覆盖区域示意图

2. 水域的区域视频监控方案

可在"奋力"轮上安装3台云台摄像机进行监控,分别监控左舷提升系统、右舷提升系统及月池高位全景。

云台摄像机具备IP66防护等级,满足室外防水要求,同时支持POE供电,以及360°旋转。

硬盘录像机支持最大4路视频接入,并内置2 TB硬盘,满足3路画面连续存储1个月。视频录像通过网络实时上传至萤石云服务器(图6.2.30)。

图6.2.30 视频录像系统视角

6.2.4 创新及应用

该沉船打捞智慧集中监控系统有以下创新点:

1. 针对深海沉船、沉物提升打捞技术,通过在被打捞物和打捞平台部署海洋仪器及各类传感器,对工程中各类水下、水面的关键信息进行测量和采集。同时,利用沉船打捞集中监控技术、数字孪生技术、三维场景建模技术相结合开发了一套开放式的智慧打捞监控系统,通过集中监控技术对关键测量数据进行集成处理、参数监控、实时分析和编码存储,并通过数字孪生技术在终端实现对整个打捞提升作业的三维仿真实时显示。研究远程通信系统部署方案,实现了深海沉船、沉物整体打捞过程的远程数字化监控。

2. 打捞作业风险性高、复杂性强,涉及水面水下的多种装备、多个船体,需要的监测设备种类多、监测信息量大。本系统研究成果打通了各种监测信号与设备的壁垒,使各种关键信息能够及时直观地呈现出来,彻底改变了以前需要从分散设备读取数据的落后现状。

3. 技术升级使得决策更加科学。打捞作业过程不是按部就班的,往往需要指挥人员对现场情

（1）使用吊机将钢绞线整束下放，油缸顶部预留1至2米（使油缸底部钢绞线长度大于高潮位时油缸底部至下提升点的长度）；

（2）吊机人员配合将油缸底部20米钢绞线盘至2米直径的圈，使用钢丝绳捆紧，利用吊带将钢绞线悬挂于船边；

（3）尾端6米钢绞线每隔1米使用扎带进行捆扎，防止缠绕，悬挂于下方；

（4）销轴全部移至便捷改造槽钢侧；

（5）46个提升点均以此完成钢绞线固定悬挂，为后续水下工作做好准备。

3. 液压油缸安装

（1）打捞提升共设置46个吊点，每个吊点设置1台350吨油缸，共计46台350吨的油缸。在提升梁钢绞线过孔周边做好油缸安装中心定位标识，方便油缸定位，利用打捞船的起重设备把油缸、钢绞线和底锚支架整体吊装到提升大梁上，把钢绞线塞入预先设置的开槽处，安装时将油缸阀块朝向调整至泵站方向。每个油缸配置一个疏导架，钢绞线通过疏导架梳理清晰。未下放前，钢绞线顺船向理顺平铺放置在船面板上（图6.3.2、图6.3.3）。

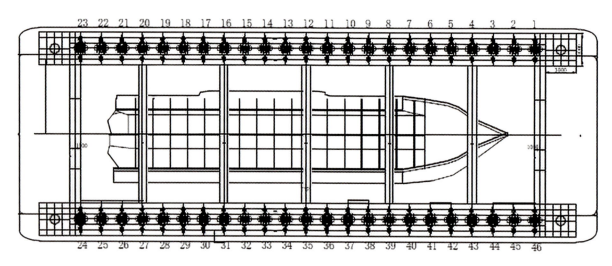

图6.3.2 提升吊点示意图

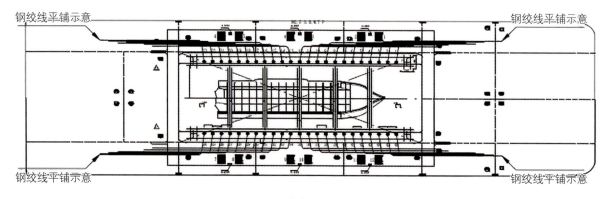

图6.3.3 钢绞线船面安放示意图

（2）350吨提升油缸单台油缸的最大重量约为2.3吨，起重用钢丝绳直径不小于14 mm；

（3）每个油缸安装时都应注意液压锁快速接头和行程传感器安装孔的方向，便于连接高压油管和安装传感器。安装到位后用4块7字板焊接固定。每个油缸配置一个地锚支架及销轴（图6.3.4）。

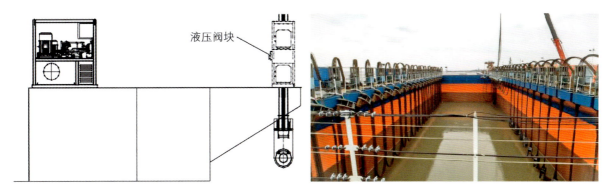

图6.3.4 现场油缸布置

4. 液压泵站安装

根据提升点的液压油缸种类及流量分配，以及要求的提升速度来布置液压泵站。液压泵站的布置遵循以下的原则（图6.3.5）：

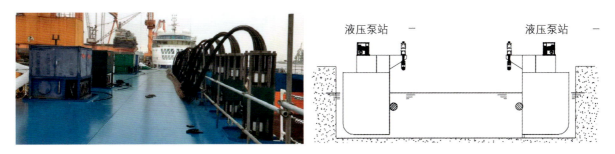

图6.3.5 液压泵站布置

（1）泵站提供的动力应能保证足够的提升速度；

（2）就近布置，缩短油管管路长度；

（3）提高泵站的利用效率；

（4）每台泵站重量约为3吨，吊装时需要用2根钢丝绳，直径不能小于16 mm。

拟选配80 L/min的液压泵站12台，每侧各布置6台。提升速度大约为3—5 m/h。泵站布置在提升梁后端，距油缸约为6 m。

液压泵站和提升油缸之间采用高压软管互连，液压油路之间相互独立，能够独立控制压力、流量，在提升油缸上面安装有液控单向阀，防止油管爆裂产生的时速下滑现象。动力电缆和二级电箱需提供到泵站旁边，电缆要求三相四线制，需选用25 mm² 以上的铜线。

5. 控制系统布置

（1）行程传感器：在每个提升油缸上安装1个行程传感器测量油缸行程；

（2）锚具传感器：在每个提升油缸的上下锚具油缸上各安装1个锚具传感器监测锚具状态；

（3）压力传感器：在每个提升油缸大腔侧上安装1只压力传感器，来测量吊点的压力；

（4）将各种传感器同各自的通讯模块连接，再连入计算机控制系统进行整体联调。

6. 水下销轴安装

打捞施工船航行至打捞位置后，利用浮吊及卷扬机配合，进行水下销轴的安装，流程如下（图6.3.6）：

（1）确认销轴均位于槽钢侧，M16吊环、销轴卡板及螺栓配置齐全；

（2）利用"大力号"大钩将钢绞线起吊，带1吨提升力，启动泵站打开上下锚具，将钢绞线缓慢下放至水下吊具销轴孔处；

（3）使底锚支架中间的定位卡板与起吊梁耳板贴合；

（4）由水下作业人员将销轴从槽钢侧推入起吊梁耳板中心孔。

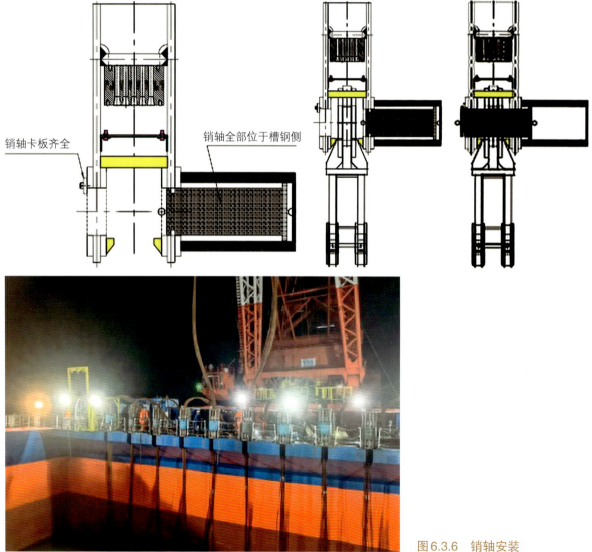

图6.3.6　销轴安装

6.3.3 现场安全检查控制

1. 油缸相关检查

（1）检查液压油缸安装是否可靠,油缸安装定位是否正确;

（2）检查提升油缸是否用7字板固定牢靠,钢绞线疏导架安装是否正确,U型卡是否打好;

（3）检查底锚结构安装是否可靠;

（4）安全施工平台是否搭设到位。

2. 液压泵站的检查

（1）检查提升泵站是否固定牢靠,摆放位置无积水情况;

（2）泵站周边是否有操作维修空间,动力电缆是否符合要求;

（3）与油缸之间的油管连接必须正确、可靠;

（4）油箱液面,应达到规定高度;

（5）利用截止阀闭锁,检查泵站功能,出现任何异常现象立即停下检查;

（6）泵站是否做好防雨措施。

3. 计算机控制系统检查

（1）检查设备供电电源,其接线、容量和安全性都应符合规定;

（2）检查各路通信接线安装连接正确无误;

（3）主控柜供电电源稳定,各种控制数据设置正确;

（4）检查各传感器系统,确定信号正确接收;

（5）记录传感器原始数据并开启联动,确定计算机控制系统完好。

4. 同步控制系统安装检查

（1）锚具传感器安装牢固可靠,上下锚具紧松信号显示正确;

（2）提升油缸行程传感器固定可靠,油缸零位统一调整为2,锁定可靠,提升油缸满行程数据现场误差小于1 mm;

（3）每个提升油缸安装一个压力传感器,传感器标定时统一调整为0.1 mPa,并固定可靠;

（4）提升油缸通讯线连接固定可靠,信号传输通畅,无延时;

（5）油缸和泵站通讯信号传输线抗干扰措施检查到位,信号传输无干扰;

（6）数据通讯线威普接头无破损,连接可靠,屏蔽线连接正确,无外露或与其他部位连接情况。

5. 提升过程控制

（1）控制参数设置

根据同步提升控制要求和现场设备ID号来设置主控柜参数,本项目使用2台新17寸屏主控柜控制,主从机参数设置如下（表6-19、6-20）:

表6-19　主从机1参数设置

吊点	油缸ID	泵站ID	截止阀	PWM	吊点	油缸ID	泵站ID	截止阀	PWM
1	1	A	1	250	17	17	E	1	250
2	2	A	2	250	18	18	E	2	250
3	3	A	3	250	19	19	E	3	250
4	4	A	4	250	20	20	E	4	250
5	5	B	1	250	21	21	F	1	250
6	6	B	2	250	22	22	F	2	250
7	7	B	3	250	23	23	F	3	250
8	8	B	4	250	24				
9	9	C	1	250	25				
10	10	C	2	250	26				
11	11	C	3	250	27				
12	12	C	4	250	28				
13	13	D	1	250	29				
14	14	D	2	250	30				
15	15	D	3	250	31				
16	16	D	4	250	32				

表6-20　主从机2参数设置

吊点	油缸ID	泵站ID	截止阀	PWM	吊点	油缸ID	泵站ID	截止阀	PWM
1	46	G	1	250	10	37	I	2	250
2	45	G	2	250	11	36	I	3	250
3	44	G	3	250	12	35	I	4	250
4	43	G	4	250	13	34	J	1	250
5	42	H	1	250	14	33	J	2	250
6	41	H	2	250	15	32	J	3	250
7	40	H	3	250	16	31	J	4	250
8	39	H	4	250	17	30	K	1	250
9	38	I	1	250	18	29	K	2	250

续表

吊点	油缸ID	泵站ID	截止阀	PWM	吊点	油缸ID	泵站ID	截止阀	PWM
19	28	K	3	250	26				
20	27	K	4	250	27				
21	26	L	1	250	28				
22	25	L	2	250	29				
23	24	L	3	250	30				
24					31				
25					32				

（2）钢绞线同步分级加紧预紧

46个提升点水下销轴全部安装完成后,在涨潮前将控制系统联调完成,所有泵站系统压力调到2 mPa,在涨潮开始至到达高潮位30分钟内,整体同时收紧水下钢绞线,控制好时间,在高潮位到达时每个油缸正好收紧到2 mPa停止,等待加载通知。

（3）试提升加载

解除吊具和临时固定之间的连接;

在高潮位或潮位下降阶段按比例,进行提升油缸20%、40%、60%、70%、80%、90%、95%、100%分级加载,直至拉动沉船;注意每级加载完成后提升动作不停,限制提升压力,确保潮位下降时提升载荷不减少。

每次加载,须按下列程序进行,并作好记录:

操作:按要求进行分级加载,使油缸受力达到规定值;

观察:各个观察点应及时反映观察情况;

测量:各个测量点应认真做好测量工作,及时反映测量情况;

校核:数据汇交现场施工设计组,比较实测数据与理论数据的差异;

分析:若有数据偏差,有关各方应认真分析;

决策:认可当前工作状态,并决策下一步操作。

检查试加载过程中提升梁结构是否正常:检查结构的焊缝是否正常;检查结构的变形是否在允许的范围内。

试提升加载过程中提升设备的检查:检查各传感器工作是否正常;检查提升油缸、液压泵站和计算机控制柜工作是否正常。

试提升完成后整体结构静载2小时,要定时组织人员对结构进行观察,注意水流变化;期间注意电焊等操作,禁止钢绞线过电引起损伤。

正式提升

指挥部统一指挥,按照同步提升程序正式提升,提升过程中确保提升吊点和沉船结构的安全。每提升2 m，测量相关数据，根据数据调整沉船的提升同步性。提升过程中注意观察上升通道无干涉情况及障碍物。

提升结束后做好提升结构的锁定，做好现场设备的安全防护措施，主要包括防止电焊、气割对钢绞线的损伤，通信设备的防雨、防雷等。

（5）下放及卸载

打捞船航行至下放泊位后，指挥部统一指挥，按照同步下放程序正式下放，在下放过程中，记录各点压力和高度，下放过程中注意同步控制，各点的载荷变化控制在10%之内，下放同步超差控制在±10 mm之内。正常下放快到位时，经微调直至结构到达设计位置，在结构就位调整时，注意各点的负载控制，确保下放沉船的安全。

下放结束后做好下放结构的锁定，做好现场设备的安全防护措施，包括防止电焊、气割对钢绞线的损伤，通信设备的防雨、防雷等。

6.3.4　创新及应用

迄今为止在沉船打捞领域主要使用的仍是传统打捞方式，随着钢绞线液压提升系统的深入研发，该技术将为沉船整体打捞过程中的提升需求提供一种更加安全可靠且灵活的施工方案。在海上施工空间受限、水下施工以及需在受风浪流影响的船舶上作业的情况下可以实现同步提升的要求。

钢绞线液压同步提升系统是在实际工程应用迫切需要的形势下形成的，在因工程的重大影响而要求它具备万无一失的安全可靠性和方便灵活的现场适应性前提下，得到了逐步完善和不断发展，又因其省工、省时、省料并具有显著的经济效益而展现了良好的应用前景。

液压提升系统采用了模块化、集成化和程序化设计，液压提升技术设备采用计算机控制，能够全自动完成同步升降、负载均衡、姿态校正、应力控制、操作闭锁、过程显示和故障报警等多种功能，是集机、电、液、计算机、传感器和控制论等技术于一体的现代化先进系统。具有提升重量和提升高度不受限制、自动化程度高、控制模式完备、体积小、起重/自重比大、安全可靠性高、适应性和通用性强等特点。因此，液压提升技术在海洋工程及打捞领域的应用越来越广泛。

6.4　"奋力"轮设计与建造

6.4.1　设计及评审

受上海市文化和旅游局委托，交通运输部上海打捞局结合水下考古探摸与调查成果，制定了详细的《长江口二号古船遗址整体迁移工作方案》，并于2020年10月下旬至国家文物局进行专题汇报，得到了国家文物局的原则性肯定和支持。11月中旬，上海市文化和旅游局组织国内水下考古、海洋工程等领域的专家，召开了《长江口二号古船遗址整体迁移工作方案》专家评审会，会后根据专家意见,我局对方案做了修订,并于12月报送国家文物局审批。2021年5月6日,国家文物局在《国家文物局关于长江口二号沉船整体发掘考古项目意见的函》(文物保函〔2021〕444号)中正式对古船的整体发掘进行了批复。

2021年6月23日,上海市文化和旅游局邀请国内打捞、海洋工程专家,对《长江口二号古船遗址整体迁移工作方案》中我局提出的沉井、分段沉井和弧形梁方案三种整体迁移方案进行了评审,专家认为弧形梁方案海上施工时间最短、工艺成熟、自动化和安全性高,一致同意采用弧形梁整体迁移方案。2021年7月28日,上海市文化和旅游局正式批复同意采取弧形梁方案进行古船整体打捞,并迁移至上海船厂旧址1#船坞进行保护。其现有建筑主要参数如下:船坞底部为混凝土底板,两侧为钢板桩,1#船坞长185、宽36、深10.4米。经上海打捞局项目组前期市场排查,未找到满足进入1#船坞条件的船舶资源。

在长江口二号整体迁移项目背景下,传统打捞工艺对船舶资源的数量和类型要求较高。其中至少包括1条半潜船、2条抬浮驳以及多条拖轮等,不仅在短时间内很难组织齐相应的资源,也增加了现场协同作业的难度和风险,在时间性和经济性上都不是最佳选择,还有较大的提升空间。

为优化沉船的整体打捞方式,"大吨位沉船整体打捞"联合项目组提出了一种全新的集沉船打捞、运输、进坞、卸载于一体的专业工程驳船概念,以钢绞线起升抬浮古船的打捞新技术推广应用为出发点和落脚点,创造性地提出了专用工程甲板驳的建造方案。仅用1艘船就完成了1条半潜船、2条抬浮驳的工作任务,从而解决了"长江口二号"项目中的船舶资源和沉船进坞问题。

该专用工程甲板驳被命名为"奋力"轮,为钢质船,主尺度为:总长约130、最大宽度34、型深9、设计吃水6米。为配合长江口二号整体打捞工程(沉船长38.5、宽7.6米,打捞总重量为8 000吨左右),驳船中部开了一个长56、宽20米的大月池,主要用于海底沉积物(如沉船)打捞提升后拖带至干船坞(图6.4.1)。

专用工程甲板驳"奋力"轮不仅可在长江口二号项目中发挥至关重要的作用,还可为各种打捞设备模块提供作业平台,承担作业工具的运输和储存,以及为其他作业船舶提供补给等任务。

在沉船打捞时,通过"奋力"轮上的提升设备即可完成沉船的整体提升,相对于传统的在沉船两侧各使用一条抬浮驳的提升方法,"奋力"轮减少了抬浮驳的投入数量;在沉船提升至大月池内后,拖轮将专用工程驳船和沉船整体拖带至船坞内,然后再通过提升设备直接将沉船整体下放至基座上,整个过程无转驳作业,辅助设备投入较少,降低了转驳带来的安全风险,整体作

图6.4.1　"奋力"轮示意图

业时间短,工序简单,投入成本较小,安全性较高。

6.4.2 "奋力"轮建造

6.4.2.1 总体工作

2021年12月13日,上海打捞局长江口二号项目组委托工程船队负责"奋力"轮的建造工作,并成立"奋力"轮的现场监造小组,项目组副经理蒋哲为现场监造负责人,唐为民、马松、王卫东为现场监造小组成员;吴明哲副队长为"奋力"轮建造项目的总负责人。

"奋力"轮建造具体船舶参数如下:

船 舶 类 型	甲 板 驳	航 区 航 段	无 限 航 区
总 长	130.00 m	设计水线长	129.59 m
规范船长	125.71 m	载重线船长	124.82 m
型 深	9.00 m	型 宽	34.00 m
设计吃水	6.00 m	结构吃水	6.20 m
空船重量	5 887.60 T	满载排水量	18 298.30 T
总吨位	8 600 T	净吨位	2 580 T
载重量	12 410.70 T	船体材料	钢

船舶用途及航区:本船为甲板运输船,主要装载区域在主甲板,无限航区调遣,近海航区作业;

船型:本船为钢质、单甲板、具有宽敞平整作业甲板的非自航甲板运输船;

船级:本船入CCS级,并取得以下入级标志:★ CSA PONTOON BARGE;

材料及焊接:本船材料采用CCSA、CCSAH32级、CCSAH36级船用钢。所用的焊接材料(包括焊条、焊丝、焊剂和保护气体)应符合CCS《材料与焊接规范》的有关规定,并经CCS认可。所选用的焊接材料应与船体结构的钢材级别相适应;

甲板机械:本船在主甲板4角各布置2台绞车,350 kN绞车朝首尾方向布置,500 kN绞车朝两舷侧方向布置。

全船共设七道水密舱壁,两舷边舱从首至尾依次划分No.1—No.8边空舱(P&S),船中从首至尾依次划分No.1—No.6空舱(P&S),船中区域设置月池。

由于本船无关键设备,主要为原材料(钢板)采购,根据有关规定,通过公开招标选择承造船厂。根据类似项目的建造经验,结合国内建造厂家的供货周期,从招标到建成交付使用的周期约为7个月。

根据项目需要,上海打捞局进行了多次探讨,并于2021年12月13日的党政联席会议针对专

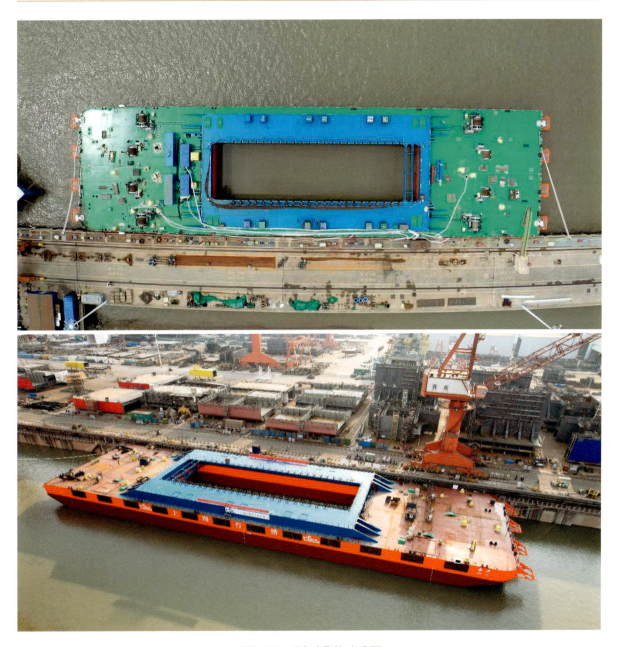

图6.4.2　"奋力"轮建造图

用工程甲板驳的投资建造事宜进行了集体讨论。会议研究决定,鉴于长江口二号古沉船整体打捞项目的特殊性和必要性,以及局长远发展的需要,综合考虑建造专用工程甲板驳的可行性、必要性,以及经济效益分析和局投资管理委员会会议决议同意等情况,一致同意建造1艘专用工程甲板驳,资金来源由使用单位自筹解决,建造管理工作由工程船队负责(图6.4.2)。

　　会议强调,要统筹考虑项目资源配备和全局船舶结构优化调整等方面的需求,着力抓好专用工程甲板驳的建造工作,尤其要加强船舶建造的风险管理,确保安全优质地完成船舶建造任务。

会议要求,上海打捞局工程船队、项目组要高度重视船舶建造的风险防范,强化船舶承建单位比选,加强船舶建造的节点管控。

上海打捞局救捞工程船队接到局领导与长江口二号古船整体迁移项目组的建造委托后,立即组织人员进行了"奋力"轮建造的公开招投标工作。最终由位于南通市海门区的招商局重工(江苏)有限公司中标,船舶建造计划时间节点如下:

序　号	节　　点	计划时间	完成状态	实际完成时间
1	合同生效	2022年3月16日	完成	2022年3月16日
2	项目开工	2022年3月16日	完成	2022年3月25日
3	项目合拢	2022年4月15日	完成	2022年4月12日
4	项目下水	2022年5月30日	完成	2022年5月24日
5	建造完工	2022年6月15日	完成	2022年6月14日
6	项目交付	2022年7月06日	完成	2022年7月15日

根据项目需要,我局监造组与船厂方一起探讨确定了项目生产计划表,监造组与船厂共同赶工,快马加鞭,最终于7月15日完成交船,比合同要求的交船节点有所提前,满足了合同要求的工期计划。

"奋力"轮建造历时4个月,完成了从一块块钢板到一条驳船的蜕变,比合同计划建造完成时间提前了1个月。为保证长江口二号古沉船整体打捞项目的进度,现场监造组成员全力督促船厂加快建造进度,并全力支持、积极配合报检,主动放弃了周末、清明节、五一劳动节等假期休息,争分夺秒地把推进节点目标的任务落实到每一天每一刻,并且要求船厂每天把当天的工作完成情况及第二天的计划发给我方,以便及时发现项目建造进度中遇到的问题,督促并协调推进。每周监造组均会与船厂项目组举行周例会,来推进问题的解决。监造组成员驻场后,以日报、周报等形式及时向局和船队进行进度汇报;同时与船厂项目组建了微信群,提高了沟通效率,做到了发现问题及时沟通和解决。

在项目进度提速的状态下,现场监造组严抓建造质量,从前期图纸审核、技术谈判、设计评审到后期分段组装、焊接、涂装及甲供设备的安装调试,凭借专业知识和丰富的造船经验严把质量关。船厂的报验程序为三级报验,前面都通过后才可向船东报验,即施工人员自检、带班班长检查、质检员检查通过后再进行船东检查。为了保证建造质量,每次报验,监造组成员都会检查每条焊缝、每个舱室等各个环节,始终坚持高标准严把质量关,全力保障赶工计划稳步推进。

6.4.2.2　质量控制

1. 建造质量控制:船舶建造之前我局监造组与船厂方协商编写了质量控制计划,设立了质量控制点以及检验方法,并获得了CCS验船师的批准。建造期间的质量一次合格率较高,最终全船质量控制点都通过了CCS验船师的检验以及我局现场监造组的检验。

2. 建造安全管理:本船建造之前,我局监造组与船厂方协商探讨风险点并进行了风险分析,编写作业安全分析(JSA),重点分析了起重吊装、高温作业(防暑)、脚手架搭设、高空作业、动火作业、密闭空间作业、机械伤害、拖航作业、靠泊作业等作业安全风险,制定了相应的管理控制措施,并进行了743人次的安全培训。同时,现场进行了安全检查20次,整改了55项安全隐患。在本船的建造全周期内,实现了包括拖船出坞、拖航交船靠泊等的全过程"零"事故。

3. 建造成本控制:监造组严格控制本船建造过程中的增加项目,只要不涉及船舶安全、使用功能、影响船舶作业的,原则上不允许列入增加项目。严格控制改建、扩建项目,经评估后如果确实需要改建、扩建的项目,尽可能在船厂原项目施工前以书面形式告知施工方和设计方,并通过设计方修改施工图纸,以免造成损失。根据《建造合同》要求和监造职责,监造组对船舶建造各阶段的进度和建造质量进行确认,实事求是地签署各大节点的确认,为后期付款提供依据。

本船成本控制效果十分突出,变更率不到1%,且变更工作量基本不是本船需求,而是后期工程的需要。

6.4.2.3 建造交付及文件管理

2022年7月15日,"奋力"轮建造顺利完工交付,交付地点在上海打捞局横沙码头,同时完成了船舶资料的交付工作,处于质保阶段。锚绞车及锚泊系统、发电机及液压提升系统等工程设备均已安装调试,功能测试均正常,各参数也均符合设计要求,满足本次长江口二号古船整体迁移项目的需要(图6.4.3)。

图6.4.3 "奋力"轮交付图

图 6.5.19　完成同步提升

整体提升："奋力"轮到场后,通过布置在其月池边上的46套钢绞线液压同步提升系统,将弧形梁系统整体提升至"奋力"轮月池内。至此,古船整体起浮作业完成(图6.5.19)。

6.5.3　创新及应用

本次打捞的实施是国际上首次在水下进行极小曲率半径矩形曲线顶管群施工,尚无先例可循,具有以下创新点:

1. 封箱法在使用直钢梁时,需要先将封箱周围的泥土清空,为直钢梁顶进提供施工空间,施工工期长,成本高,效率低;弧形梁结构只需使用发射架在上方进行导向,无需清空周边泥土,可大幅缩短工期。

2. 弧形梁结构前端留出安装顶管机头的空间,且在弧形梁结构的两端都设计了固定销孔,在弧形梁结构推进完成之后可通过销轴将弧形梁结构固定在打捞装置的主体打捞架上,且弧形梁结构头部的固定销孔还可用于顶管机头的固定,可在前端快速拆装顶管机头,一节弧形梁结构推进完成之后只需取下固定销轴即可快速拆卸机头,并安装到下一节弧形梁上,提高了施工速度。

3. 传统顶管施工时推进装置一般固定在地面上,通过顶块推进直钢梁,而弧形梁结构末端设置了推进装置定位槽及固定销孔,推进时与弧形梁结构一起向前运动,且与顶管机头相同,可进行推进装置的快速拆装。

4. 弧形梁结构内装有泥水管路,在弧形梁结构两侧和外圆弧开有注浆孔,与泥水管路配合在推进时具有润滑功能,在起吊时可同步注浆,方便整体起吊。

5. 弧形梁方案突破了大吨位水下沉船无接触式整体打捞关键技术的瓶颈,形成了经济、安全、可靠的大吨位水下沉船整体打捞共性技术。研究成果适用于打捞沉没于水中的不同规模和任意形状物体,包括打捞古沉船及其他船舶、飞行器、货物等,具有很强的推广应用前景,是建设具有中国特色、中国风格和中国气派的现代化打捞的重要技术支撑。

综合考虑传统穿钢梁打捞方法的优缺点,本设计采用曲线小顶管依次牵引弧形梁沿半圆形轨迹从长江口二号古船下方穿越过地层形成的弧形托盘结构,利用顶梁结构为弧形底托梁的安装提供导向和支撑,最后两端加封板以完成整体抬升。此技术解决了传统打捞方式难以保证被打捞物完整性的问题,降低了现场作业难度、施工风险和被打捞物受到损害的可能性,节约了人力物力,并且能实现保证被打捞物的原生性、完整性、安全性的要求。为今后的精细化打捞项目应用提供了很好的设计思路。

利用弧形梁方案进行沉船整体打捞,除了为应用示范的打捞项目提供技术支撑外,在经济效益上也更加高效。

1. 采用弧形梁方案，机械化、自动化程度高，潜水工作量少，施工效率高，海上施工周期短，减少了人员、机械设备、船舶等资源的施工和等待时间，直接节省了资源成本。

2. 采用弧形梁方案，现场挖泥量少，无塌陷风险；顶梁沿定位桩下放安装，受水流影响小，对沉船无扰动风险；弧形梁安装过程中不受水流影响，且由于有切削装置，顶穿过程受泥土阻力小；安装工序简单，自动化程度高，台风影响时撤场快。因此，弧形梁方案相比其他传统打捞模式更加安全、更加经济。

3. 弧形梁方案采用无接触式的沉船整体打捞方法，能最大程度上保护沉船本体免受干扰和受损，可以更好地还原沉船灾害场景、最大程度地保护遇难者遗骸和遗物的完整性以及最大程度保护古船本体及其内的文物等。因此，从保护沉船本体的经济价值来考虑，采用弧形梁方案是最优选择。

4. 弧形梁方案研究成果适用于打捞沉没于水中的不同规模和任意形状物体，包括打捞古沉船及其他船舶、飞行器、货物等，具有很强的推广应用前景，其打捞设备可重复利用，这也将给后续的整体打捞项目带来很高的经济效益。

6.6　总　　结

为了长江口二号古船整体迁移项目的顺利实施，交通运输部上海打捞局特别成立局领导带领的大吨位沉船整体打捞联合项目组，创新性采用了世界首次的弧形梁穿引打捞工艺，创新性运用了隧道掘进技术、单船竖向液压同步提升技术，创新性建造了中部大开口专用打捞工程船"奋力"轮，实现了仅用1艘驳船完成沉船整体打捞的提升、运输、进坞以及卸载作业，提升作业效率的同时，保障了古船的安全。特别是弧形梁打捞技术结合了弧形梁打捞工艺、隧道盾构掘进工艺、沉管隧道对接工艺等，这样一套施工方案，集当前最先进的打捞工艺、技术路线、设备制造于一体，形成了最新打捞工艺，当今世界前所未有，真正实现了科技创新与水下考古的有机结合，为的就是真正保护好文物，真正体现了中国情怀、中国技术、中国实力。

上述创新技术总体达到了国际领先水平，提高了施工效率，节约了打捞时间，减少了施工成本及工期，创造了直接经济效益。在考古、打捞等领域产生了较好的应用前景，为我国乃至国际水下打捞技术的突破提供了支撑，同时大大提升了我国打捞事业的国际地位及影响力。

第七章　项目QHSE管理

从2016年至2021年,交通运输部上海打捞局受上海市文物保护研究中心委托,共对长江口二号沉船进行了6次探摸调查取证。整体迁移项目组自2021年年中正式成立,开启古船整体迁移项目,2022年11月25日进船坞,2023年2月中旬正式完工。古船整体迁移施工过程历时5个多月,参与船舶超过10艘次,分包商11个,未发生安全事故。

7.1　项目QHSE管理阶段性重点

长江口二号古船整体迁移项目按照不同作业地点,可以分为装备制造、古船探摸打捞、古船拖运和进坞三个板块内容。根据不同的作业施工人员和作业环境,项目组关注的HSE管理重点也各不相同。

装备制造作业,由各专业分包商负责,项目HSE管理重点由分包商的能力和安全意识决定,项目组在前期的分包商选择过程中,重点关注的是分包商的生产技术能力,同时关注分包商的HSE管理能力和安全意识。在施工过程中,项目组安排人员参照局QHSE管理体系的要求,核验分包商的完成情况,如果其HSE管理能够满足局QHSE管理要求,则可以按照本单位的管理体系要求执行,一旦无法满足局QHSE管理要求,则需要按照局QHSE管理体系执行。

海上古船探摸打捞作业,是整个项目的主要施工分段,主要由上海打捞局现有船舶、设备和人员施工,整个作业过程中需要完全按照局QHSE管理体系执行,作业的风险主要体现在气象条件影响(如风、流或者海浪的影响)、作业安全风险(如起吊作业、潜水作业、焊接等特种作业以及多作业面交叉作业等),现场由项目HSE经理负责项目HSE管理。

古船拖运和进坞作业,该部分作业又包含了拖航、船坞整修试验、进坞卸载三个主要部分。拖航的主要风险集中在拖航过程中的航行安全;船坞整修试验的风险主要集中在船坞设备故障、维修过程中设备不熟悉、分包商过多难于控制现场风险、现场作业人员安全意识不强、坞口施工中的作业安全等作业风险;进坞卸载主要风险集中在进出坞门操作可能出现碰撞、古船卸载过程中底部受力不均衡等风险。现场的HSE管理由项目组负责人、分包商负责人和安全管理人员负责。

7.2　项目QHSE管理工作难点

1. 新装备新工艺（质量管理难点）

本次项目借鉴了陆地上隧道作业中的掘进技术，设计研发了弧形掘进设备，开创性采用了弧形梁纵梁组合体，非接触、全包围地打捞古船，确保不损坏古船及其周边的环境。

新装备需要新工艺，一是虽然经过了多次试验，尤其是经过了等比例试验，但可靠性还未能经过实际作业的考验；二是新工艺借鉴了陆上的挖掘技术，但水下作业尚属首次；三是作业精度要求高，水下作业能见度几乎为零，保证作业精度难度大。由于以上原因，作业过程中实现质量目标难度较大。

2. 作业风险

（1）潜水作业

本次项目水下能见度几乎为零，潜水作业难度高，尤其是项目施工的质量要求高，在设备安装时有时误差允许范围在毫米级，使得潜水员水下作业难度增大，因为设备受到伤害的可能将大幅度增加。

（2）高处作业

弧形梁直径超过9米，在端板弧形梁组装作业的过程中，高处作业量很大，而且端板上工作面狭小、防护设施缺少，尤其是高处作业中的焊接作业量大，不仅存在高处作业风险，还会给下方作业造成危险。组装端板和弧形梁，在驳船上进行，高处作业时还存在作业面晃动的风险，进一步增加了人员坠落受伤的风险。

（3）方案变化大

方案在实施过程中存在很多的调整，制造了很多的新工装、新装具，施工过程也发生了很多变化，虽然设备工装进行了多次试验以确保适用、人员经过了多次培训交底以确保作业熟悉，但设备物资的准备仍存在很多困难，给人员作业埋下了很多风险隐患。

3. 分包商工种多、人员多

（1）由于借鉴了陆上隧道作业的工艺，项目选择了最大的分包商上海隧道工程公司负责设备制造和现场施工，上海隧道的管理、作业理念和方法与我局有着较大差别，给现场沟通和管理带来了障碍。尤其是对质量的控制和施工时间的安排均有较大分歧，给现场项目组的管理带来了困扰。

（2）施工船舶种类多，船舶分包商能力和安全意识参差不齐。分包的船舶从交通船到运送船舶、驳船、拖轮，再到清淤船，种类繁多，船上的设备也存在老旧故障等问题，更有以前施工过程中不常使用的船舶设备，现场监督管理困难。船舶船员能力和安全意识有好有坏，甚至出现了人员跳水险情。

（3）项目中存在清淤、船坞修理、开关坞门、休整步道等以前少有碰到的施工分包项目，对施工过程不熟悉,管理难度也比较大。

4. 作业环境

(1) 项目施工过程经历了上海百年不遇的高温天气。在码头端板纵梁施工期间,数日出现40℃以上红色高温预警天气,由于工期紧张,不能停工,给现场作业人员带来了很多的健康危害;现场多人出现中暑症状,也发生了多起与高温相关的人员健康问题。

(2) 台风对上海天气影响频繁。作业期间共计经历了5次台风侵袭,不仅对工期造成了很大影响,也给船舶和人员带来了很大危险。

5. 新冠疫情影响

2022年项目正式施工,正好赶上了上海市新冠疫情最严重的时期,对人员动员造成了很大的阻碍,延迟了正式开工的时间;正式开工以后,由于疫情原因,人员的换班和现场的防疫要求也给项目安全管理带来了很大的困难,同时人员的身体健康也对项目组提出了很大的考验。古船进船坞后,准备出坞时,国家新冠疫情管控放开,在短时间内人员大量感染,也迫使"奋力"出坞延迟了半个月,同时也间接造成全部完工推迟了超过2个月。

6. 社会关注度高、影响大

本项目作为上海市重点项目,受到了各级领导的高度关注,各方媒体从中央电视台到上海市电视台派驻了6个采访团队全程跟踪采访、报道整改项目的进展。各方的关注,尤其是媒体的关注,在给我局和项目组带来了高知名度的同时,也给项目的施工带来了些许困扰。一是施工过程中的小差错、人员的不安全行为会被放大,二是现场最多数十名媒体记者也给现场狭窄的施工场所带来了很大的安全隐患,三是船舶有限的住宿条件也给项目组提出了很大的挑战。

7.3　项目QHSE管理工作内容

项目组根据现场的QHSE风险点和管理难点,针对性地提出了一些管理要求和措施,在保证安全和不影响施工的前提下,尽可能地按照项目管理要求进行管理。主要的工作如下:

1. 安全培训和教育

安全培训作为项目前期QHSE管理工作中的重点工作,针对项目的基本概况、现场施工的风险点、现场作业船舶的基本概况,对所有施工人员进行安全培训,重点培训内容包括:

(1) 安全工作要求;

(2) 提醒作业风险点和风险控制措施;

(3) 施工船舶的工作环境;

(4) 各项作业时要求的PPE穿戴;

(5) 新冠疫情的防疫要求;

(6) 现场环境保护要求等。

针对分包商人员,项目中根据不同作业类型增加了必要的局安全管理要求培训;

（1）焊工重点培训明火作业安全许可的流程，作业前各项检查工作及要求，测氧测爆仪的正确使用，看火要求、灭火器及水管的准备，可燃物的清理等；

（2）针对外租施工船舶，主要培训船舶的安全检查要求，驾驶台值班要求，上海海事局关于施工的汇报要求等；

2. 分包商管理

项目的分包商资质和管理水平参差不齐，由于时间、资源等问题，未能进行前期的分包商审核，项目现场加大了对分包商的入场的检查，基本上做到了每艘新进场船必须安排人员上船进行进场安全检查，至少确保最基本的安全要求。

针对分包商员工，有针对性地进行安全培训，告知相关的局管理要求（明火作业要求、登高作业要求、PPE要求等）、上船注意事项等。

完工后，根据施工过程中的工作表现，分别对其进行业绩评价，针对表现得不如人意的地方，进行扣分，提出改进要求。

本次项目中分包商的人员能力尚好，但普遍存在的问题是：

船舶人员资质证书不足，部分人员身体状况和能力不足，甚至有部分人员无法胜任工作，如"鲲润6"发生数次靠泊过程中的船舶碰擦；

船舶设备可靠性差，如"东南起6"的锚机故障、"华和"主机故障等；

人员的安全意识低，如人员PPE佩戴意识差、舷边作业无防范意识等；

人员PPE配备不足，船上安全帽、工作服、工鞋等未能足量配备等。

3. 风险评估

项目的风险点多，施工难度大，施工前项目组针对分段施工进行了风险评估，识别可能存在的风险点，制定了控制措施，并由各班组长负责监督控制措施的落实。针对风险大、施工重点的活动，请岸基、专家对风险评估进行审议评估，提出改进意见。

现场针对风险较大的作业，由班组长组织施工人员根据风险评估进行作业安全分析，细化风险评估中操作的风险点，制定安全控制措施，施工人员熟知风险点和控制措施，确保作业安全。

本项目按照施工阶段，分8部分编制了风险评估，并根据现场施工情况进行了更新；施工班组根据风险评估，结合施工实际对重要、风险性高的活动，开展了正式和非正式的JSA，严格控制施工中可能存在的风险隐患。后续将本次施工的风险评估列入局风险源库中，丰富了打捞救助项目的风险源。

4. 安全检查

项目检查包括《HSE检查》《伙食与卫生检查》《工作环境检查》，"大力号"还包括船舶自查，项目在施工前期阶段，项目组重点对各船舶开展了各项安全检查，发现外租船舶情况较差，均不太符合要求，如"东南起6"的消防、逃生设备不在位，消防灭火器过期等，"鲲润6"人员安全意识差，甲板作业安全无法保证，发现的缺陷项经过初步整改，基本满足要求。

5. 项目防疫管理

项目施工期间正处于新冠疫情最严重的时期，由于施工人员多，且外部分包人员众多，为了确保现场施工进度和人员健康安全,项目组编制了《长江口二号古船整体迁移项目疫情防控实施方案》,并根据上海市和局防疫政策要求,不定期发布项目组的防疫要求,明确现场施工人员进场前隔离、上船后核酸等要求,并由项目经理负责、项目HSE经理落实执行。

6. 项目文件整理

项目文件管理是局项目施工的基本要求,但由于本次项目采用了诸多新装备新工艺和最新的打捞技术,为了确保能够有效地总结经验教训,吸取良好做法,本次项目组严格按照项目管理要求进行了施工和记录,并安排人员专门收集施工材料,确保施工文件完整充分,保证在类似的项目施工中能够有效规避可能的问题,顺利开展下一次施工作业。

7.4　项目管理特点

上海打捞局依据ISM规则、SOLAS公约、STCW公约、MLC公约、ISO9001标准、ISO14001标准、OHSAS19001标准,采纳交通运输行业的指南和良好做法,编制并运行船舶SMS安全管理体系、项目QHSE管理体系。

长江口二号古船整体迁移项目管理严格依循局项目QHSE管理体系、船舶SMS安全管理体系,并在此基础上结合长江口项目的实际特点,针对性运行船舶安全管理、项目策划运行、QHSE管理等,进一步优化项目管理模式,提高项目管理水平,推动长江口二号项目圆满完工。

上海打捞局项目涉猎范围较广、种类繁多且重复施工间隔时间长,虽然实施项目管理已有多年,但在工程项目的全过程控制层面依然面临着很多困难和挑战,如项目运行环境、管理对象复杂,难以全面评估项目实施风险并积极应对,无法有效落实项目管理预防原则。如项目运行文件杂多且拘于个人,未能及时收集并统一整理归档,使得大量项目经验教训及高质量项目实施理念缺失,无法有效落实项目管理的知识转移原则;项目管理因素较多且协调难度大,难以高度统筹项目安全、进度、质量、成本管理,无法有效落实项目管理的系统性原则。近年来,局海洋工程项目建设快速发展,急需大力推进项目管理法在项目实施的运用,需进一步提高局项目管理水平并形行业竞争力。

长江口二号古船整体迁移项目,高举科技打捞的旗帜,开创性地借鉴了隧道作业的良好做法,跨界采用多种先进打捞工艺技术,开发研制了多种新的工装,创新编制了多种工艺方案,涉及范围广且管理难度大。在确保长江口项目安全、高效施工的前提下,项目组高度重视项目管理法在该项目中的理论创新及方法进步,在项目施工阶段严格落实项目管理制度,推动项目过程安全、有序、高效开展,注重项目收尾阶段对经验教训文件的收集及组织过程资产的转移,有效补给了局项目管理知识库,填补了局项目管理的未知漏洞,助力局行业建设发展。

为确保项目管理的有效落实,长江口项目管理重点表现以下部分:

（1）培训。明确项目施工严格落实项目管理制度；组织开展项目组对QHSE管理体系和项目管理制度的培训，确保项目组人员熟悉项目管理内容和方法，督促行动落实；

（2）风险识别。考虑到长江口二号古船整体迁移项目的创新性、科技性等特点，识别出本项目管理的风险重点在于新技术的应用、新设备的研发制造和使用、新工艺施工过程中的安全注意事项等内容，预先完成了项目风险识别并积极响应；

（3）敏捷管理。考虑到长江口项目涉及范围较广，需各管理点同步开展，项目组实施敏捷管理，将各职责界面责任落实到人，团队自组织策划施工管理过程，编制相应程序和方案，向上申报审批，向下主动交底，各项工作同步前进；

（4）知识积累转移。高度重视项目经验教训文件的收集，积极做好项目文件资料的完整收集整理，积极总结项目施工的经验教训，专人整理归档并向局项目知识库转移，供后续项目参考。

在新科技理念创新性提出应用、新工艺设备首次施工不确定性多、媒体记者聚光灯下透明施工等多种复杂背景下，长江口项目历经波折，但依然安全、高效地完成了打捞任务，项目管理在施工过程中的高度运用起到了保驾护航的重要作用。

7.5　长江口项目管理创新

长江口项目的项目管理应用，充实了局项目管理理念，完善了局项目管理方法，明确了类似项目管理的思路和措施，具体创新点如下：

（1）敏捷管理层层落实，人人参与

长江口项目组根据QHSE管理体系要求，编写了项目组的岗位职责，明确了每个部门和重要岗位的管理职责，开展了体系培训和交底，以确保每个岗位熟悉该做什么、知道如何去做、明确做到什么程度，以确保QHSE管理体系和项目管理制度能够层层落实，项目组形成自组织敏捷管理模式，人人主动参与，自主推动项目开展。

（2）突出前期策划，重视风险识别

对于存在如此多不确定因素和新工艺新设备的项目来说，前期策划及项目风险识别尤为重要，也特别艰难。项目组在前期对整个项目进行全面细致的构思，形成了以技术方案为基础，以项目质量计划、HSE计划、进度计划、成本管理为指导的项目文件，识别各板块有可能出现的风险并进行风险等级管理，各项管理计划需通过评审和审批，项目组各部门需严格按照文件实施。前期的策划决定了项目管理在项目中的有效落实。

（3）经验教训积累，项目知识转移

基于项目管理在项目中实施，项目组在敢创新、敢想、敢干的基础上，也要求勤于记录、善于总结，对技术/施工方案、工装设计、设备研发设计和试验以及施工过程中发生的问题和改进，都作出了详细记录，并作为项目文件留存，重视项目收尾阶段经验教训的整理、总结、归档，形成了项目知识库并转移，为将来类似项目提供了完整的参考资料。

长江口项目划分为等比例试验、海上施工、船坞准备、"奋力"轮准备、切割及复原等板块，收集整理了"合同、客户和分包管理""技术（施工）方案""设备管理""QHSE管理""文件管理"五个板块的项目文件资料，尽可能地通过文字复原整个项目的施工全过程，为将来类似的项目提供一个完整的参考资料文件。

同时，项目管理在长江口二号项目中的成功应用，为在其他项目中有效落实提供了实施蓝本和借鉴意义。

致谢

感谢下列单位对长江口二号古船整体打捞和迁移项目的大力支持：

国家文物局

上海市文化和旅游局
（上海市文物局）

国家文物局考古研究中心

上海博物馆

上海市文物保护研究中心
（上海市文物鉴定研究中心）

国家水下文化遗产保护宁波
基地（宁波市文化遗产管理
研究院）

上海市历史博物馆
（上海革命历史博物馆）

上海中国航海博物馆

交通运输部救助打捞局

中华人民共和国上海海事局

中国船级社上海分社

交通运输部东海航海保障中心

上海隧道工程有限公司

上海城建隧道装备有限公司

上海电气核电集团有限公司

中国海洋工程有限公司

上海交通大学船舶海洋与建
筑工程学院

中国水运杂志社

中国航海学会救助打捞专业
委员会

上海大学无人艇工程研究院

上海大学未来技术学院

人民日报社

新华通讯社

中央广播电视总台

上海广播电视台

上海报业集团

“长江口二号古船发现与研究丛书”
编委会